职业教育新形态
财会精品系列教材

会计基础
习题与实训

王岩 王芳芳 ◆ 主编

高世强 刘彬 刘颖 陈慧 王文斌 赵晖 ◆ 副主编

杨京智 回晓敏 ◆ 主审

Basic Accounting
Exercises and Training

人 民 邮 电 出 版 社
北 京

图书在版编目（ＣＩＰ）数据

会计基础习题与实训 / 王岩，王芳芳主编. -- 北京：
人民邮电出版社，2021.8
职业教育新形态财会精品系列教材
ISBN 978-7-115-56583-9

Ⅰ．①会… Ⅱ．①王… ②王… Ⅲ．①会计学—职业
教育—教学参考资料 Ⅳ．①F230

中国版本图书馆CIP数据核字(2021)第101470号

内 容 提 要

本书是《会计基础》（ISBN：978-7-115-56464-1）的配套习题与实训教材。本书共三个部分：第一部分是会计基础理论习题及单项实训，主要包括会计认知、会计要素与账户、复式记账法、主要业务的核算、会计凭证、会计账簿、财产清查、账务处理程序、财务报告等九个项目；第二部分是会计基础综合实训；第三部分是"1+X"智能财税职业技能等级考试样题。本书适用于会计基础实训课程的教学，也适用于采用项目导向、任务驱动形式的理论实践一体化的会计基础课程的教学。

本书不仅可以作为高等职业院校、中等职业学校会计专业及相关财经类专业的教材，也可以作为参加初级会计职称考试人员的参考书，还可以作为财会工作者和经营管理人员的参考书。

◆ 主　　编　王　岩　王芳芳
　　副主编　高世强　刘　彬　刘　颖　陈　慧　王文斌　赵　晖
　　主　　审　杨京智　回晓敏
　　责任编辑　刘　尉
　　责任印制　王　郁　焦志炜
◆ 人民邮电出版社出版发行　　北京市丰台区成寿寺路 11 号
　　邮编　100164　电子邮件　315@ptpress.com.cn
　　网址　https://www.ptpress.com.cn
　　三河市君旺印务有限公司印刷
◆ 开本：787×1092　1/16
　　印张：10.5　　　　　　　　2021 年 8 月第 1 版
　　字数：191 千字　　　　　　2021 年 8 月河北第 1 次印刷

定价：39.80 元
读者服务热线：(010)81055256　印装质量热线：(010)81055316
反盗版热线：(010)81055315
广告经营许可证：京东市监广登字 20170147 号

PREFACE

////////////////////////// 前　言 //////////////////////////

会计基础是高等职业院校和中等职业学校会计专业的一门基础课程，是会计入门的必修课程，也是经济管理类专业的基础课程，因此学会、学好、学透本课程至关重要。

本书每个项目包括学习目标、重点与难点、知识点回顾、职业能力训练四大部分。本书对《会计基础》(ISBN：978-7-115-56464-1)的重点与难点进行了系统的归纳和翔实的讲解；以知识点和技能点为切入点，编制职业能力训练习题，保证每个知识点和技能点均有训练习题与之对应；题型包括单项选择题、多项选择题、判断题和实训题，覆盖面广、题型丰富。

本书编写特色

- 内容全面，理论与实训相结合

本书针对基础会计课堂教学活动设置理论习题、单项实训及综合实训，做到理论与实训相结合，单项实训和综合实训相结合。

- 课证融通，书证融通

本书紧扣初级会计师考试要点和"1+X"智能财税证书考核要点，突出教考结合，有效提高学生技能水平。

- 注重实务，强调应用

本书以会计岗位的典型工作任务为主线设计实训案例，使实训案例与实际工作所需的职业能力紧密结合。

本书编写组织

本书由德州职业技术学院王岩、王芳芳担任主编，高世强、刘彬、刘颖、陈慧、王文斌、赵晖担任副主编，杨京智、回晓敏担任主审。在本书的编写过程中，得到了德州职业技术学院各位领导和老师的大力支持，在此深表感谢！

由于编者水平有限，书中难免存在疏漏之处，敬请广大读者批评指正，以便我们及时改进。

编者

2021 年 5 月

CONTENTS

############# 目 录 #############

项目七　财产清查⋯⋯80

项目八　账务处理程序⋯⋯88

项目九　财务报告⋯⋯92

第二部分　会计基础综合实训

第三部分　"1+X"智能财税职业技能等级考试样题

第一部分

会计基础理论习题及单项实训

项目一

会计认知

1. 了解会计的概念、目标、职能。
2. 明确会计目标、基本假设及会计核算的基础。
3. 了解会计核算方法体系和会计信息质量要求。
4. 明确会计人员职业道德的要求及会计法律责任。

重点：会计的四个基本假设。

会计信息质量要求及会计核算的基础。

难点：不同的会计核算基础对企业盈亏的计算会产生不同的影响。

一、会计的概念及一般对象

会计是以货币为主要计量单位，运用一系列的专门方法对一个经济单位的经济活动进行核算和监督的经济管理工作。

会计需要以货币为主要计量单位，对特定主体的经济活动进行核算与监督。也可以说，凡是能够以货币形式表现的经济活动，都是会计核算和监督的内容，就是会计对象。这里以德高制造有限责任公司的资金运动规律为例进行介绍，如图 1-1 所示。

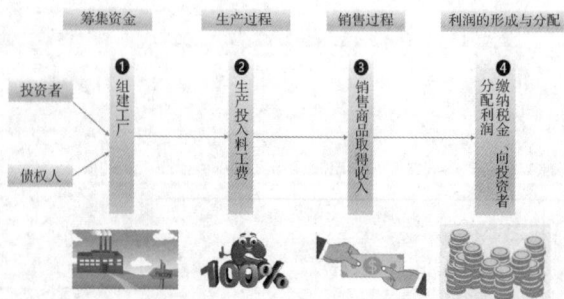

图 1-1　德高制造有限责任公司的资金运动规律

二、会计的基本职能和会计目标

（一）会计的基本职能

《中华人民共和国会计法》（以下简称《会计法》）将会计的基本职能表述为核算和监督职能，即进行会计核算和实行会计监督。会计核算职能是指会计以货币为主要计量单位，运用一系列专门方法，对特定主体的经济活动过程和结果进行确认、计量、记录和报告，为相关信息使用者提供会计信息。会计监督职能是指会计人员按一定的标准和要求，对特定主体经济活动的合法性、合理性进行审查，以便合理地组织经济活动，达到预期的目的。会计核算和会计监督是两个相互联系又相对独立的基本职能。会计核算是会计监督的前提和基础，只有正确地进行会计核算，会计监督才能有真实可靠的依据；会计监督是会计核算的继续，如果只有会计核算而不进行严格的监督，会计核算所提供的信息质量就难以保障，甚至会变得毫无意义。在实际工作中，只有将会计核算和会计监督两个职能有机地结合起来，才能充分发挥会计在经济管理中的作用。

（二）会计目标

会计目标是指会计工作所期望达到的目的。现代会计目标主要包括以下两点。

（1）向会计信息使用者提供对决策有用的信息。

（2）反映企业管理层受托责任的履行情况。

三、会计基本假设和会计核算的基础

（一）会计基本假设

会计基本假设是指会计人员对未经确切认识或无法正面论证的经济事务和会计现象，根据客观的正常情况或趋势所做出的合乎逻辑的推断，是日常会计处理的前提或必要条件。

会计基本假设包括会计主体、持续经营、会计分期和货币计量四个假设。

（1）会计主体又称为会计个体，是指会计所核算和监督的特定单位或组织，它规定了会计确认、计量和报告的空间范围，明确了会计人员的立场和会计核算的范围。会计主体不同于法律主体。一般来说，法律主体必然是会计主体，但会计主体并不一定是法律主体。

（2）持续经营是指企业在可以预见的未来，不会面临破产和清算，将根据正常的经营方针和既定的经营目标持续经营下去。持续经营假设规定了会计核算的时间范围。

（3）会计分期是指将一个企业持续经营的生产经营活动划分为若干相等的会计期间，以便分期结算账目和编制财务报表。我国《企业会计准则》规定，会计期间分为年度、半年度、季度和月度，均按公历起讫日期确定。会计年度是最重要的会计期间。

（4）货币计量是指企业在会计核算过程中采用货币作为计量单位，确认、计量和报告企业的生产经营活动。货币计量假设还包含以下两层含义：一是记账本位币（用于记账的货币）的选择，企业会计核算应选择人民币作为记账本位币；二是币值稳定的假设，即在一般情况下会计核算应当按照币值稳定的原则进行核算。

（二）会计核算的基础

会计核算的基础有权责发生制和收付实现制两种。权责发生制是指按照权责关系的实际发生和影响期间来确认企业的收入和费用。收付实现制是以收到或支付现金作为确认收入或费用的依据，即收到现金时确认收入，支出现金时确认费用。在权责发生制下，应计某一会计期间的收入和费用与款项的实际收付时间并不完全一致。不同的会计核算基础对企业盈亏的计算会产生不同的影响。

四、会计方法的组成

会计方法是指用来核算和监督会计对象，履行会计职能，实现会计目标的手段。会计方法的组成内容与会计职能紧密相连。会计方法一般包括会计核算、会计监督、会计预测、会计决策、会计控制、会计分析等具体方法。

（1）会计核算是会计方法中最基本、最主要的方法，是其他各种方法的基础。

（2）会计监督是指会计人员按预期的目的和要求，通过会计核算提供的资料，对会计主体的生产经营过程或经济业务是否合理合法以及会计资料是否完整正确等所进行的监督。

（3）会计预测是指根据过去的历史资料，会计人员通过一定的数学方法和逻辑推理，对会计主体的经济活动的未来发展趋势或状况所进行的预计和推测。

（4）会计决策是指在会计预测的基础上，会计人员结合相关信息资料，按照预定的财务目标，从若干备选方案中选择最优方案的过程。

（5）会计控制是指根据管理的目的和要求，会计人员通过会计工作对经济活动进行必要的干预，使其按照预定的轨道有序地进行。

（6）会计分析是指会计人员利用会计核算提供的信息资料，结合其他有关信息，对企业财务状况、经营成果和现金流量进行比较、分析和评价的过程。

五、会计核算方法体系

会计核算方法是指以货币为主要计量单位，对已经发生的经济业务进行全面、连续、系统、综合的核算和监督所运用的确认、计量和报告的一系列专门方法。通常包括设置账户、复式记账、填制和审核凭证、登记账簿、成本计算、财产清查和编制财务报表。

上述各种会计核算方法，并不是彼此孤立的，而是相互联系、密切配合的，这些方法构成了一个完整的会计核算方法体系。一般来说，经济业务发生后，经办人员要填制或取得原始凭证，经会计人员审核整理后，依据会计科目设置账户，运用复式记账法，编制记账凭证，并据以登记账簿。对于生产经营过程中发生的各项费用，要进行成本计算。一定时期终了，通过财产清查，在保证账实相符的基础上，会计人员应根据账簿记录编制各种财务报表。

六、会计信息质量要求

会计信息作为一种商业语言，其质量高低关系到会计信息使用者进行决策的正误。只有符合质量标准的会计信息，才能满足信息使用者进行决策的需要，是信息使用者做出正确决策的基础和保障。为了满足会计目标要求，我国《企业会计准则——基本准则》对会计信息提出了八项质量要求，即可靠性、相关性、可理解性、可比性、实质重于形式、重要性、谨慎性和及时性。

（一）可靠性

可靠性要求企业应当以实际发生的交易或者事项为依据进行会计确认、计量和报告，如实反映符合确认和计量要求的各项会计要素及其他相关信息，保证会计信息真实可靠、内容完整。

（二）相关性

相关性是指企业提供的会计信息应当与财务报告使用者的经济决策需要相关，有助于财务报告使用者对企业过去、现在或者未来的情况做出评价或者预测。

（三）可理解性

可理解性是指企业提供的会计信息应当清晰明了，便于财务报告使用者理解及使用。

（四）可比性

企业提供的会计信息应当具有可比性。可比性要求包括以下两方面的内容。

第一，对于同一个企业而言，会计信息质量的可比性要求企业对于不同时期发生的相同或者类似的交易或者事项，应当采用一致的会计政策，不得随意变更。

第二，对于不同企业而言，会计信息质量的可比性要求不同企业对发生的相同或者相似的交易或者事项，应当采用国家规定的会计政策进行核算，以确保会计信息口径一致，相互可比。

（五）实质重于形式

实质重于形式是指企业应当按照交易或者事项的经济实质进行会计确认、计量和报告，不应仅以交易或者事项的法律形式为依据。

（六）重要性

重要性是指企业提供的会计信息应当反映与企业财务状况、经营成果和现金流量等有关的所有重要交易或者事项。在会计核算过程中对交易或事项应当区别其重要程度，采用不同的核算方式。

（七）谨慎性

谨慎性是指企业对交易或者事项进行会计确认、计量和报告应当保持应有的谨慎，不应高估资产或收益，低估负债或费用。

（八）及时性

及时性是指企业对于已经发生的交易或者事项，应当及时进行会计确认、计量和报告，不得提前或者延后。

七、会计职业道德的主要内容及会计法律责任

（一）会计职业道德的主要内容

《会计法》规定，会计人员应当遵守职业道德，提高业务素质。会计职业道德主要包括爱岗敬业、诚实守信、廉洁自律、客观公正、坚持准则、提高技能、参与管理、强化服务等八个方面内容。

（二）会计法律责任

违反会计法律制度应当承担的法律责任，《会计法》及相关法律法规都作出了相应的规定。本节主要介绍《会计法》对会计违法行为的法律责任的规定。

（1）违反国家统一的会计制度行为的法律责任。

（2）伪造、变造会计凭证、会计账簿，编制虚假财务会计报告行为的法律责任。

（3）隐匿或者故意销毁依法应当保存的会计凭证、会计账簿、财务会计报告行为的法律责任。

（4）授意、指使、强令会计机构、会计人员及其他人员伪造、变造会计凭证、会计账簿，编制虚假财务报告或者隐匿、故意销毁依法应当保存的会计凭证、会计账簿、财务会计报告行为的法律责任。

（5）单位负责人对依法履行职责、抵制违反《会计法》规定行为的会计人员实行打击报复的法律责任。

（6）财政部门及有关行政部门工作人员在实施监督管理职务中违法行为的法律责任。

错题笔记

职业能力训练

一、单项选择题

1. 下列各项中，对企业会计核算资料的真实性、合法性和合理性进行审查的会计职能是（　　　）。

    A. 监督职能　　　　　　　　B. 评价经营业绩职能

    C. 参与经济决策职能　　　　D. 核算职能

2. 企业会计的确认、计量和报告的会计基础是（　　　）。

    A. 收付实现制和权责发生制并存

    B. 权责发生制

    C. 收付实现制

    D. 永续盘存制

3. 关于会计基本假设的表述错误的是（　　　）。

    A. 会计主体假设界定了会计核算的时间范围

    B. 固定资产分期计提折旧是以持续经营为前提的

    C. 由于会计分期，会计处理可以运用预收、预付、应收等方法

    D. 货币计量是企业会计确认、计量和报告的基本手段

4. 下列各项中，关于会计基础的说法不正确的是（　　　）。

    A. 凡是当期已经实现的收入和已经发生或者应当负担的费用，无论款项是否收付，都应当作为当期的收入和费用，计入利润表，属于权责发生制

    B. 凡是不属于当期的收入和费用，即使款项已在当期收付，也不应当作为当期的收入和费用，属于权责发生制

    C. 企业可以选择按权责发生制或收付实现制进行会计核算，一经确定，不得变更

    D. 政府会计中的预算会计核算采用收付实现制，国务院另有规定的除外

5. 某企业本期购入一台设备，因暂时未投入使用，因此一直未登记入账，这违背了会计信息质量要求中的（　　　）要求。

    A. 及时性　　　　　　　　　B. 实质重于形式

    C. 客观性　　　　　　　　　D. 重要性

6. 企业对固定资产计提减值准备体现了会计信息质量（　　　）要求。

    A. 可比性　　B. 谨慎性　　C. 重要性　　D. 及时性

7. 为了将本企业经济活动与其他企业经济活动加以区分，企业在核算时所建立的基本前提是（　　　）。

    A. 会计主体　　B. 持续经营　　C. 会计分期　　D. 货币计量

8. 甲公司 2019 年 12 月的办公楼的租金费用为 200 万元，用银行存款支付 180 万元，20 万元未付。按照权责发生制和收付实现制分别确认费用（　　）万元。

    A. 180、20   B. 20、180   C. 200、180   D. 180、200

9. 下列各项中，体现"实质重于形式"会计信息质量要求的是（　　）。

    A. 采用加速折旧法计提专用设备折旧

    B. 售后回购

    C. 对很可能承担的环境责任确认预计负债

    D. 计提应收账款坏账准备

10. 下列关于会计目标的说法不正确的是（　　）。

    A. 会计目标是要求会计工作完成的任务或达到的标准

    B. 会计目标是向财务报告使用者提供会计信息

    C. 会计目标反映企业管理层受托责任的履行情况

    D. 会计目标是提高企业经济效益

二、多项选择题

1. 下列各项中，属于会计拓展职能的有（　　）。

    A. 会计核算   B. 预测经济前景

    C. 会计监督   D. 参与经济决策

2. 根据会计法律制度的规定，下列各项中，属于会计核算内容的有（　　）。

    A. 资本、基金的增减   B. 财务成果的计算和处理

    C. 款项和有价证券的收付   D. 债权、债务的发生和结算

3. 关于会计目标，下列各项中表述正确的有（　　）。

    A. 会计目标是要求会计工作完成的任务或达到的标准

    B. 会计目标向财务报告使用者提供与企业财务状况、经营成果和现金流量等有关的会计信息

    C. 会计目标反映企业管理层受托责任履行情况

    D. 会计目标是企业会计确认、计量、记录和报告的前提

4. 下列各项中，关于企业会计信息质量要求的表述正确的有（　　）。

    A. 重要性要求企业提供的会计信息应当反映与企业财务状况、经营成果和现金流量有关的所有重要交易或者事项

    B. 可理解性要求企业提供的会计信息应当清晰明了，便于投资者等财务报告使用者理解及使用

    C. 谨慎性要求企业对交易或者事项进行会计确认、计量和报告应当保持应有的谨慎，不应高估资产或收益，低估负债或费用

    D. 相关性要求企业提供的会计信息应当与投资者等财务报告使用者的经济决策需要相关

5. 下列各项中，关于企业会计信息可靠性表述正确的有（　　　　）。

　　A. 企业应当保持应有的谨慎，不应高估资产或收益，低估负债或费用

　　B. 企业提供的会计信息应当相互可比

　　C. 企业应当保证会计信息真实可靠、内容完整

　　D. 企业应当以实际发生的交易或事项为依据进行确认、计量和报告

6. 下列各项中，属于隐匿或者故意销毁依法应当保存的会计凭证、会计账簿、财务报告，情节严重者应承担的法律责任有（　　　　）。

　　A. 5 年以下有期徒刑

　　B. 二万元以上二十万元以下罚金

　　C. 拘役

　　D. 二千元以上二万元以下的罚金

7. 下列各项中，关于会计职能的表述正确的有（　　　　）。

　　A. 监督职能是核算职能的保障

　　B. 核算职能是监督职能的基础

　　C. 预测经济前景、参与经济决策和评价经营业绩是拓展职能

　　D. 核算与监督是基本职能

三、判断题

1. 企业在生产经营过程中所发生的一切经济活动，都是会计的对象。　　　　　　　　　　　　　　　　　　　　　　　　　　（　　　）

2. 会计的核算职能，是指对特定主体经济活动和相关会计核算的真实性、合法性和合理性进行审查。　　　　　　　　　　　　（　　　）

3. 财务报告使用者主要包括投资者、债权人、政府及其有关部门和社会公众等。　　　　　　　　　　　　　　　　　　　　　（　　　）

4. 会计基本假设是对会计核算所处时间、空间环境等所作的合理假定，是企业会计确认、计量、记录和报告的前提。　　　　　（　　　）

5. 会计基础，是指会计确认、计量和报告的基础，包括定期盘存制和永续盘存制。　　　　　　　　　　　　　　　　　　　（　　　）

6. 权责发生制，是指以取得收取款项的权利或支付款项的义务为标志来确定本期收入和费用的会计核算基础。　　　　　　　（　　　）

四、实训题

<实训一>

（一）实训目的：掌握会计核算对象的确认。

（二）实训资料：德高制造有限责任公司 2020 年 6 月发生下列部分经济业务。

（1）5 日，公司管理人员购买办公用品。

（2）9 日，外购原材料已运达公司，并验收入库。

（3）13 日，与海南公司签订一份购销合同计划。

（4）17日，向金瑞公司销售一批商品，货款已收到。

（5）23日，经董事会商议，决定在下个月初视情况适时购买万科上市公司股票500万股。

（6）25日，向洪涝灾区捐款。

（7）26日，与新道会计公司签订合作协议，建立战略伙伴关系。

（8）28日，公司实行目标管理，董事会向生产和销售部门下达任务书。

（9）29日，因产品升级，需要对原有生产线进行技术改造，向银行申请并取得一笔贷款。

（10）30日，公司明年的费用预算顺利通过董事会决议。

（三）实训要求：确认德高制造有限责任公司6月发生的上述经济业务哪些属于会计核算的对象。

<实训二>

（一）实训目的：掌握权责发生制和收付实现制对企业盈亏的计算会产生的不同的影响。

（二）实训资料：德高制造有限责任公司2020年6月发生部分经济业务，具体如表1-1"业务内容"栏目所示。

（三）实训要求：请分别按权责发生制和收付实现制计算该公司2020年6月盈亏情况，并完成表1-1中相关栏目的填写。

表1-1　2020年6月盈亏情况

业务内容	业务发生期	现款收付期	权责发生制下的收入、费用归属期	收付实现制下的收入、费用归属期
6月3日销售商品款项100 000元，款项于6月12日收到				
6月9日收到上月销售商品款项7 000元				
6月12日购买原材料，当日支付相关费用80 000元				
6月20日预付下个月房租费4 000元				
权责发生制下6月盈亏计算				
收付实现制下6月盈亏计算				

项目二

会计要素与账户

1. 掌握会计要素、会计科目的概念、分类。
2. 明确会计要素之间的内在联系及其表达方式。
3. 理解经济业务的发生对会计等式的影响。
4. 掌握账户的概念、基本结构与会计科目之间的关系。

重点： 能正确划分会计要素，并指出会计对象与会计要素之间的关系。

难点： 不同类型的经济业务对会计等式的影响及其变化规律。

一、会计要素

会计要素是对会计对象进行的基本分类，是会计对象的具体化。

（一）反映财务状况的会计要素

1. 资产

资产是指由企业过去的交易或者事项形成的、由企业拥有或者控制的、预期会给企业带来经济利益的资源。其特征主要包括以下几点。

（1）资产是由企业过去的交易或者事项形成的。

（2）资产是由企业拥有或者控制的。

（3）资产预期会给企业带来经济利益。

资产分为流动资产和非流动资产两类。流动资产是指预计在一个营业周期中变现、出售或耗用，或者主要为交易目的而持有，或者预计在资产负债表日起一年内（含一年）变现的资产，以及自资产负债表日起一年内交换其他资产或清偿负债的能力不受限制的现金或现金等价物。非流动资产是指流动资产以外的资产。

2. 负债

负债是指企业由过去的交易或者事项形成的、预期会导致经济利益流出企业的现时义务。其特征主要包括以下几点。

（1）负债是由企业过去的交易或者事项形成的。

（2）负债的清偿预期会导致经济利益流出企业。

（3）负债反映了债权人对企业资产的要求权。

负债分为流动负债和非流动负债两类。流动负债是指预计在一个正常的营业周期中清偿，或者主要为交易目的而持有的，或者自资产负债表日起一年内（含一年）到期应予以清偿，或者企业无权自主地将清偿推迟到资产负债表日后一年以上的负债。非流动负债是指流动负债之外的负债。

3. 所有者权益

所有者权益是指企业资产扣除负债后由所有者享有的剩余权益，即企业的净资产。对于公司来说，所有者权益又称股东权益。其特征主要包括以下几点。

（1）它是一种剩余权益。

（2）除非发生减资、清算，企业不需要偿还所有者权益。

（3）所有者凭借所有者权益能够参与利润的分配。

所有者权益包括实收资本（或股本）、资本公积、其他综合收益、盈余公积和未分配利润。

实收资本是指投资者按照企业章程或合同、协议的约定，实际投入企业的资本。

资本公积是指企业收到投资者的超出其在企业注册资本（或股本）中所占份额的投资，以及其他资本公积等。资本公积包括资本溢价（或股本溢价）和其他资本公积。

其他综合收益是指企业根据其他会计准则规定未在当期损益中确认的各项利得和损失。包括以后会计期间不能重新计入损益的其他综合收益和以后会计期间满足规定条件时将重新计入损益的其他综合收益两类。

盈余公积是指企业按照有关规定从税后利润中提取的各种公积金，包括法定盈余公积、任意盈余公积等。

未分配利润是指企业留存于以后年度分配或本年度待分配利润。

（二）反映经营成果的会计要素

1. 收入

收入是指企业在日常经济活动中形成的、会导致所有者权益增加的、与所有者投入资本无关的经济利益的总流入。其特征主要包括以下几点。

（1）收入是从企业的日常经济活动中产生的，如销售商品、提供劳务及让渡资产使用权等。

（2）收入会导致所有者权益增加。

（3）收入的取得会导致经济利益的流入，它可能表现为企业资产的增加，也可能表现为企业负债的减少，或两者兼而有之。

（4）收入只包括本企业经济利益的流入，不包括为第三方或客户代收的款项。

（5）收入与所有者投入资本无关。

收入有不同的分类。按照收入的性质，可以分为销售商品收入、提供劳务收入和让渡资产使用权收入。按照企业经营业务的主次，可以分为主营业务收入和其他业务收入。主营业务收入是指企业的主要经营业务所取得的收入。其他业务收入是指从日常经济活动中取得的主营业务以外的兼营收入。

2. 费用

费用是指企业在日常活动中发生的、会导致所有者权益减少的、与向所有者分配利润无关的经济利益的总流出。其特征主要包括以下几点。

（1）费用是在企业日常活动中发生的。

（2）费用的发生可能表现为资产的减少，也可能表现为负债的增加，或两者兼而有之。

（3）费用会导致所有者权益减少。

（4）与向投资者分配利润无关。

费用按其性质可分为营业成本和期间费用。营业成本是指销售商品或提供劳务的成本。期间费用是指企业在日常活动中发生的，应当直接计入当期损益的费用，包括管理费用、销售费用和财务费用。

3. 利润

利润是指企业在一定会计期间的经营成果。利润包括收入减去费用后的净额、直接计入当期利润的利得和损失等。直接计入当期利润的利得和损失，是指应当计入当期损益的、会导致所有者权益发生增减变动的、与所有者投入资本或者向所有者分配利润无关的利得或者损失。利润有营业利润、利润总额和净利润之分。

（1）营业利润是指营业收入减去营业成本、税金及附加、期间费用、研发费用，加上其他收益、投资收益、公允价值变动损益、信用减值损失、资产减值损失、投资净收益后的金额。

（2）利润总额是指营业利润加上营业外收入，减去营业外支出后的金额。

（3）净利润是指利润总额减去所得税费用后的金额。

二、会计等式

（一）资产、负债、所有者权益的关系

企业要从事正常的生产经营活动，都需要筹集一定数量的资金，拥

有一定的经济资源，即资产。企业筹集资金的渠道主要有两个方面：一是投资者投资；二是债权人提供，如银行借款等。企业将筹集的资金投入营运后，形成企业所持有的各种资产。投资者对投入企业的资金按照投资额的多少和所承担风险的大小，等比例地获取投资所得，这就是投资人对企业资产的要求权（所有者权益）；债权人有要求企业偿还债务的权利，这就是债权人对企业资产的要求权（债权人权益，即企业的负债）。这种对企业资产的要求权，在会计上总称为"权益"。企业拥有的每一项资产，都是投资者或债权人所提供的。因此，资产和权益必须同时存在。有一定数额的资产，就必然有一定数额的权益；反之，有一定数额的权益，也必然有一定数额的资产。从数量上看，在任何一个时点上，一个企业所拥有或者控制的资产总额必定等于权益总额，用公式表示如下。

$$资产=权益=债权人权益+所有者权益=负债+所有者权益$$

（二）收入、费用、利润的关系

企业随着商品的销售或者劳务的提供，一方面取得各类收入，另一方面为取得收入会发生相关的各种耗费（即费用）。在一定的会计期间内，企业获得的总收入扣除相关的总费用就形成了企业的利润，用公式表示如下。

$$收入-费用=利润$$

（三）会计六个要素之间的关系

"资产=负债+所有者权益"会计等式反映的是企业在某个会计期间开始时（即某一特定时日）的财务状况。"收入-费用=利润"会计等式反映的是企业在某一会计期间的经营成果。随着企业经济活动的进行，在会计期间内，企业一方面取得了收入，并因此而增加了资产或减少了负债；另一方面要发生各种各样的费用，并因此而减少了资产或增加了负债。所以，企业在会计期间内的任一时点上，即未结账之前，原来的会计等式就转化为下面的形式。

$$资产=负债+所有者权益+（收入-费用）$$

三、交易或者事项对会计等式的影响

企业发生的交易或者事项按其对财务状况等式的影响不同，可以分为以下9类基本经济业务。

（1）一项资产增加、另一项资产等额减少的经济业务。

（2）一项资产增加、一项负债等额增加的经济业务。

（3）一项资产增加、一项所有者权益等额增加的经济业务。

（4）一项资产减少、一项负债等额减少的经济业务。

（5）一项资产减少、一项所有者权益等额减少的经济业务。

（6）一项负债增加、另一项负债等额减少的经济业务。

（7）一项负债增加、一项所有者权益等额减少的经济业务。

（8）一项所有者权益增加、一项负债等额减少的经济业务。

（9）一项所有者权益增加、另一项所有者权益等额减少的经济业务。

上述 9 类基本经济业务的发生均不影响会计等式的平衡关系，如图 2-1 所示。

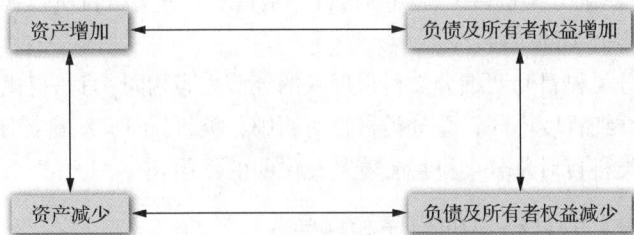

图 2-1 会计等式的平衡关系

四、设置会计科目

（一）会计科目的概念

会计科目是指对会计要素进行进一步分类形成的项目，也就是对各项会计要素在科学分类的基础上所赋予的名称。

（二）会计科目的设置要求

会计科目的设置取决于企业的管理要求、规模大小、业务繁简程度，必须结合会计对象的特点，做到统一性和灵活性相结合。会计科目一经确定，应保持相对稳定。

合理设置会计科目，可以对会计要素的具体内容进行科学归类，便于会计分类核算和监督企业的经济活动，为正确填制记账凭证、登记账簿和编制财务报表提供依据。

（三）会计科目的分类

（1）会计科目按其反映的经济内容不同，分为资产类、负债类、所有者权益类、共同类、成本类和损益类科目。

- 资产类科目是用以反映资产要素具体内容的会计科目。
- 负债类科目是用以反映负债要素具体内容的会计科目。
- 所有者权益类科目是用以反映所有者权益要素具体内容的会计科目。
- 共同类科目是既用以反映资产要素内容又反映负债要素内容的会计科目。
- 成本类科目是用以反映企业在产品生产过程中发生的各种直接费用和间接费用的会计科目。

- 损益类科目是用以反映企业在生产经营过程中取得的各项收入和发生的各项费用的会计科目。

（2）会计科目按其所提供信息的详细程度及其统御关系不同，分为总分类科目和明细分类科目。

- 总分类科目又称总账科目或一级科目，是指对会计要素具体内容进行总括分类核算的科目，一般由国家统一的会计制度进行规定。

- 明细分类科目又称明细科目，是指对总分类科目所包含的内容做进一步分类的科目。

总分类科目和明细分类科目反映的经济内容相同，只是提供的核算信息的详细程度不同，总分类科目对明细分类科目具有统御控制作用，明细分类科目对总分类科目有着补充说明的作用。

（四）会计科目的排序和编号

会计科目按其反映经济内容的不同划分为六类，其排列顺序是先资产后权益、先静态后动态，而各项目的顺序又分别按照会计科目的流动性、永久性、重要性等进行排列。

会计科目的编号由国家财政部颁布的《企业会计准则——应用指南》统一规定，常用的方法是数字编号法，一般用四位数表示，每一位数字都有其特定的含义，企业不能随意打乱科目编号。某些会计科目之间可以留有空号，以便企业根据实际情况增设会计科目。

五、开设会计账户

（一）账户的概念

账户是指根据会计科目开设的，具有一定的格式和结构，用来记录会计要素增减变化情况及其结果的一种载体。设置账户是会计核算的一种专门方法。

（二）账户的基本结构

账户的基本结构是由登记会计要素的增加额和减少额两个基本部分构成的，分列账户的左方和右方，其简化格式为"T"型，如图 2-2 所示。

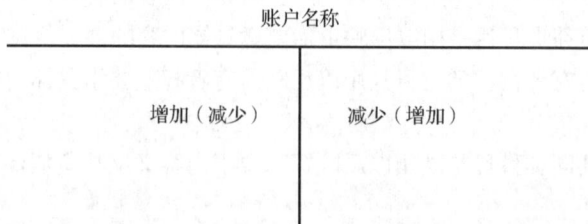

账户名称

增加（减少）　　　减少（增加）

图 2-2 "T"型账户格式

在账户的左右两方中，哪一方登记增加额，哪一方登记减少额，取决于所采用的记账方法和所记录的经济内容。

（三）账户的金额要素

账户一般要提供四个金额要素，即期初余额、本期增加发生额、本期减少发生额和期末余额。一定期间内记录到账户增加方的数额合计数，称为本期增加发生额；一定期间内记录到账户减少方的数额合计数，称为本期减少发生额；期初余额加上本期增加发生额与本期减少发生额的差额就是账户的期末余额。账户的本期期末余额转入下期即为下期的期初余额。

期末余额=期初余额+本期增加发生额-本期减少发生额

（四）账户与会计科目的关系

账户与会计科目是两个不同的概念，但又存在着必然的联系。会计科目是账户的名称，账户是根据会计科目来设置的。账户具有一定的结构与格式，用来分类、连续、系统地记录发生的经济业务。

（五）账户的开设方法

账户的开设就是将设置的一个会计科目写在具有一定格式和结构的账页上，使其成为核算某项经济内容的专门场所。

把总分类科目按照其编码顺序依次写在总分类账簿账页上，使总分类科目与账页结合起来形成用来记录总括指标的总分类账户，就是开设总分类账户。总分类账的结构和格式一般是三栏式。把各明细分类科目写在相应格式的明细分类账簿的账页上，使明细分类科目与账页结合起来形成用来记录详细指标的明细分类账户，就是开设明细分类账户。明细分类账的结构和格式主要有三栏式、数量金额式和多栏式等。

职业能力训练

任务一　会计要素与会计等式认知

一、单项选择题

1. 下列各项中，不属于资产特征的是（　　）。

　　A. 资产是企业拥有或控制的资源

　　B. 资产预期会给企业带来经济利益

　　C. 资产的成本或价值能够可靠地计量

　　D. 资产是由企业过去的交易或者事项形成的

2. 企业取得或生产制造某项财产物资时所实际支付的现金或者现金等价物属于（　　）。（2018 年真题）

　　A. 现值　　　　　　　　　　　B. 重置成本

　　C. 历史成本　　　　　　　　　D. 可变现净值

3. 下列各项中，关于以银行存款偿还所欠货款的经济业务对会计要素影响的表述正确的是（   ）。（2019 年真题）

    A. 一项资产增加，另一项资产等额减少

    B. 一项资产与一项负债等额增加

    C. 一项负债增加，另一项负债等额减少

    D. 一项资产与一项负债等额减少

4. 下列各项中，不会引起资产总额发生增减变动的是（   ）。

    A. 赊购商品
    B. 以银行存款偿还前欠货款

    C. 接受投资者追加投资
    D. 将库存现金存入银行

5. 资产按照预计从其持续使用和最终处置中所产生的未来净现金流入量的折现金额计量，其采用的会计计量属性是（   ）。

    A. 现值
    B. 可变现净值

    C. 历史成本
    D. 公允价值

6. 在历史成本计量下，下列各项中错误的是（   ）。

    A. 负债按预期需要偿还的现金或现金等价物的折现金额计量

    B. 负债按因承担现时义务的合同金额计量

    C. 资产按购置时支付的现金或现金等价物的金额计量

    D. 资产按购置资产时所付出的对价的公允价值计量

7. 甲公司赊购一台机器设备，不考虑增值税等相关税费。此项购买设备的业务对会计等式的影响是（   ）。

    A. 资产一增一减
    B. 资产增加，负债增加

    C. 资产减少，负债减少
    D. 负债一增一减

8. 甲公司接受投资者投入货币资金 100 万元。此项经济业务对会计等式的影响是（   ）。

    A. 资产一增一减
    B. 所有者权益一增一减

    C. 资产和所有者权益同时增加
    D. 资产和负债同时增加

9. 下列各项中，关于收入的说法错误的是（   ）。

    A. 收入是指企业在日常活动中形成的

    B. 确认收入会导致负债增加

    C. 收入是与所有者投入资本无关的经济利益的总流入

    D. 收入会导致所有者权益的增加

10. 下列各项中，关于费用的表述错误的是（   ）。

    A. 费用是指企业在日常活动中发生的

    B. 费用会导致所有者权益减少

    C. 费用是与向所有者分配利润无关的经济利益的总流出

    D. 费用是与向所有者分配利润无关的经济利益的净流出

二、多项选择题

1. 下列各项中，不属于企业资产的有（   ）。

    A. 约定未来购入的存货
    B. 盘亏的固定资产

　　C．临时租入的半年租期的仓库　D．生产成本

　　2．下列各项中，不考虑其他因素，符合会计要素收入定义的有（　　　）。

　　　　A．工业企业销售原材料　　　　B．4S店销售小汽车

　　　　C．商贸企业销售商品　　　　　D．无法查明原因的现金溢余

　　3．企业的会计计量属性包括（　　　）。

　　　　A．重置成本　　　　　　　　　B．历史成本

　　　　C．公允价值　　　　　　　　　D．现值

　　4．下列各项中，引起企业资产和负债要素同时发生增减变动的经济业务有（　　　）。（2018年真题）

　　　　A．收到股东投资款　　　　　　B．以盈余公积转增股本

　　　　C．从银行借入短期借款　　　　D．以银行存款归还前欠货款

　　5．下列各项中，关于资产的特征，表述正确的有（　　　）。

　　　　A．资产应为企业拥有或者控制的资源

　　　　B．资产预期会给企业带来经济利益

　　　　C．资产是由企业过去的交易或者事项形成的

　　　　D．与该资源有关的经济利益很可能流入企业

　　6．下列各项中，属于所有者权益的有（　　　）。

　　　　A．所有者投入的资本　　　　　B．其他综合收益

　　　　C．盈余公积　　　　　　　　　D．未分配利润

　　7．下列各项中，关于会计要素的计量属性，表述正确的有（　　　）。

　　　　A．历史成本，是指取得或制造某项财产物资时所实际支付的现金或者现金等价物

　　　　B．重置成本，是指按照当前市场条件，重新取得同样一项资产所需支付的现金或现金等价物金额

　　　　C．可变现净值，是指在生产经营过程中，以预计售价减去进一步加工成本和销售所必需的预计税金、费用后的净值

　　　　D．公允价值，是指市场参与者在计量日发生的有序交易中，出售一项资产所能收到或者转移一项负债所需支付的价格

　　8．下列各项中，不会引起资产和负债同时增加的经济业务有（　　　）。

　　　　A．赊购原材料　　　　　　　　B．以银行存款对外投资

　　　　C．以银行存款清偿所欠货款　　D．取得银行借款并存入银行

　　9．下列各项中，使"资产=负债+所有者权益"会计等式左右双方同时发生变动的经济业务有（　　　）。

　　　　A．从银行取得短期借款　　　　B．从银行提取现金

　　　　C．接受投资者投入固定资产　　D．用银行存款归还短期借款

　　10．某项经济业务的发生没有影响所有者权益，则可能导致（　　　）。

A. 资产和负债同时增加　　B. 资产和负债同时减少

C. 资产内部一增一减　　D. 负债内部一增一减

11. 下列各项中，属于负债类科目的有（　　　　）。

A. 应付职工薪酬　　B. 长期借款

C. 应交税费　　D. 本年利润

三、判断题

1. 公允价值，是指市场参与者在计量日发生的有序交易中，出售一项资产所能收到或者转移一项负债所需支付的价格。（2018 年真题）

（　　　）

2. 资产、负债和所有者权益要素侧重于反映企业的财务状况，收入、费用和利润要素侧重于反映企业的经营成果。　　（　　　）

3. 收入，是指企业在日常活动中形成的、会导致所有者权益增加的、与所有者投入资本无关的经济利益的净流入。　　（　　　）

4. 费用，是指由企业非日常活动所发生的、会导致所有者权益减少的、与向所有者分配利润无关的经济利益的总流出。　　（　　　）

5. "收入-费用=利润"这一会计等式，是复式记账法的理论基础，也是编制资产负债表的依据。　　（　　　）

四、实训题

<实训一>

（一）实训目的：判断这些项目属于资产、负债还是所有者权益，并将相应金额填入表中相关栏内。

（二）实训资料：德高制造有限责任公司 2020 年 6 月发生的部分经济业务，如表 2-1 所示。

表 2-1　2020 年 6 月发生的部分经济业务

业务内容	资产	负债	所有者权益
1. 商标 36 000 元			
2. 应缴未缴的税金 16 800 元			
3. 仓库中存放的原材料 260 000 元			
4. 应付未付的职工工资 36 000 元			
5. 运输用车 300 000 元			
6. 厂房 1 200 000 元			
7. 投资者投入的资本 5 000 000 元			
8. 所欠供货单位的货款 20 000 元			
9. 正在建设中的办公楼 2 000 000 元			
10. 正在运输途中的原材料 30 000 元			
11. 出纳员保险柜中的现金 1 000 元			
12. 应向客户收取的货款 35 100 元			
13. 暂付采购员的差旅费 2 000 元			

续表

业务内容	资产	负债	所有者权益
14. 从银行借入期限为 5 个月的借款 90 000 元			
15. 已完工入库的产品 608 678 元			
16. 从利润中提取的盈余公积金 160 000 元			
17. 预收客户购货款 120 000 元			
18. 存放在银行的款项 826 022 元			
19. 预付购买材料的定金 10 000 元			
20. 机器设备 1 000 000 元			
21. 向银行借入期限为 3 年的借款 800 000 元			
22. 截至本月累计实现的利润 66 000 元			
合计			

<实训二>

（一）实训目的：请区分下列经济业务中，哪些属于收入，哪些属于费用，并将其金额填入表中相关栏内。

（二）实训资料：德高制造有限责任公司 2020 年 6 月发生的各项收支情况，如表 2-2 所示。

表 2-2　2020 年 6 月发生的各项收支情况

业务内容	收入	费用
1. 本月产品销售收入 680 000 元		
2. 已销产品成本 450 000 元		
3. 出售多余材料，取得收入 61 000 元，其中成本 46 000 元		
4. 支付本月广告费 45 000 元		
5. 支付本月水电费 4 800 元		
6. 支付本月短期借款利息 1 700 元		
7. 本月管理人员报销差旅费 3 600 元		
8. 本月管理人员工资 42 000 元		
9. 车间生产工人工资 64 000 元		
合计		

任务二　会计科目与账户

一、单项选择题

1. 会计科目是（　　）。

　　A. 会计要素的名称　　　　　　B. 报表的项目

　　C. 账簿的名称　　　　　　　　D. 账户的名称

2. 下列各项中，属于资产类会计科目的是（　　）。

　　A. 预收账款　　　　　　　　　B. 应收账款

　　C. 其他综合收益　　　　　　　D. 实收资本

3. 下列各项中，不属于所有者权益类会计科目的是（　　）。

    A. 股本　　　　　B. 资本公积　　C. 盈余公积　　D. 管理费用

4. 下列关于会计账户增减变化的表述，不正确的是（　　）。

    A. 资产增加，所有者权益增加会计等式成立

    B. 负债减少，所有者权益增加会计等式成立

    C. 负债增加，所有者权益减少会计等式成立

    D. 负债减少，所有者权益减少会计等式成立

5. 企业的会计科目必须反映（　　）的特点。

    A. 会计对象　　B. 会计职能　　C. 会计本质　　D. 会计定义

6. 存在对应关系的账户称为（　　）。

    A. 对应账户　　　　　　　　B. 联系账户

    C. 总分类账户　　　　　　　D. 明细分类账户

7. 总分类账户一般只用（　　）。

    A. 实物量度　　　　　　　　B. 货币量度

    C. 实物、货币量度　　　　　D. 劳动量度

8. 下列反映资产情况的科目是（　　）。

    A. "长期借款" 科目　　　　B. "实收资本" 科目

    C. "库存商品" 科目　　　　D. "管理费用" 科目

二、多项选择题

1. 下列各项中，关于账户的说法正确的有（　　）。

    A. 账户是根据会计科目设置的，具有一定格式和结构，用于分类核算会计要素增减变动情况及其结果的载体

    B. 账户可以根据其核算的经济内容、提供信息的详细程度及其统驭关系进行分类

    C. 账户是用来连续、系统、完整地记录企业经济活动的，因此必须具有一定的结构

    D. 账户的基本结构分为左右两方，一方登记增加额，另一方登记减少额

2. 会计科目的数量和详细程度应根据（　　）而定。

    A. 单位规模的大小　　　　　B. 管理的需要

    C. 业务的繁简程度　　　　　D. 利税的多少

3. 会计科目与账户的相同点是（　　）。

    A. 结构相同　　　　　　　　B. 名称相同

    C. 作用相同　　　　　　　　D. 反映的经济内容相同

4. 账户中记录的各项金额之间的关系，可用（　　）表示。

    A. 本期期末余额=期初余额+本期增加发生额-本期减少发生额

    B. 本期期末余额=本期增加发生额-本期减少发生额

    C. 本期期末余额+本期减少发生额=期初余额+本期增加发生额

    D. 本期期末余额=本期期初余额

5. 下列各项中, 属于负债类会计科目的有 (   )。

A. "短期借款" 科目 　　　B. "预付账款" 科目

C. "应付账款" 科目 　　　D. "应交税费" 科目

6. 账户一般应包括 (   )。

A. 账户的名称 　　　B. 日期和摘要

C. 增减发生额和余额 　　　D. 会计分录

7. 明细分类账户对总分类账户起 (   ) 作用。

A. 统御 　　B. 控制 　　C. 补充 　　D. 说明

三、判断题

1. 会计科目, 是对会计要素具体内容进行分类核算的项目, 是进行会计核算和提供会计信息的基本单元。 (   )

2. 总分类科目, 又称总账科目或一级科目, 是对会计要素的具体内容进行总括分类, 提供总括信息的会计科目。 (   )

3. 会计科目具有一定格式和结构, 是用于分类核算会计要素增减变动情况及其结果的载体。 (   )

4. 会计科目是由国家统一的会计制度规定的, 各单位必须严格执行, 不能增设或精简会计科目。 (   )

5. 会计科目和账户的口径一致, 性质相同, 都具有一定的格式和结构, 所以, 在实际工作中对会计科目和账户不加严格区分, 互相通用。 (   )

6. 所有的账户都是依据会计科目开设的。 (   )

四、实训题

<实训一>

(一) 实训目的: 请运用账户的具体结构, 计算出各账户在表格所空的金额栏中的数字, 并填入表格中的恰当位置。

(二) 实训资料: 2020 年 6 月末, 德高制造有限责任公司部分账户资料如表 2-3 所示。

表 2-3　德高制造有限责任公司部分账户资料　　单位: 元

账户名称	期初余额		本期发生额		期末余额	
	借方	贷方	借方	贷方	借方	贷方
银行存款	400 000		30 000	200 000		
预付账款	80 000		0		10 000	
固定资产			400 000	60 000	600 000	
短期借款		150 000		280 000		400 000
预收账款		50 000	30 000	20 000		
应交税费		80 000	80 000	70 000		
本年利润	450 000			100 000	400 000	

续表

账户名称	期初余额		本期发生额		期末余额	
	借方	贷方	借方	贷方	借方	贷方
盈余公积		700 000	200 000	0		
生产成本			150 000	800 000	50 000	
主营业务收入	0	0		140 000	0	0
管理费用	0	0	80 000		0	0

<实训二>

（一）实训目的：掌握会计科目的设置。

（二）实训资料：2020 年 6 月 30 日，德高制造有限责任公司的资产、负债和所有者权益情况，如表 2-4 所示。

表 2-4 资产、负债和所有者权益情况   单位：元

序号	项目	金额
1	办公室及生产车间用房屋	35 0000
2	水塔、围墙等建筑物	235 000
3	生产车间的加工机床	1 600 000
4	运输汽车	400 000
5	柴油机和发动机等动力机械	325 000
6	库存生产用钢材	267 000
7	库存修理用零件	150 000
8	库存润滑油料	40 000
9	库存原煤	170 000
10	车间正在加工的产品	450 000
11	产成品仓库的完工产成品	760 000
12	出纳员保管的现金	7 500
13	在银行的存款	890 000
14	应从北京京华公司收回的货款	430 000
15	职工李莉预借的差旅费	12 000
16	国家投入的资金	5 400 000
17	昌盛公司投入的资金	650 000
18	银行长期借款	780 000
19	应支付给光华公司的购料款	230 000
20	本月应缴未缴的税金	74 500

（三）实训要求：根据以上资料，确定各项目所属的总分类会计科目的名称，并从经济内容的角度，分析各会计科目的类别，填入表 2-5。

表 2-5 各项目所属的会计科目及会计科目的类别

序号	会计科目	科目类别	序号	会计科目	科目类别
1			11		
2			12		
3			13		
4			14		
5			15		
6			16		
7			17		
8			18		
9			19		
10			20		

错题笔记

项目三

复式记账法

学习目标 ↓

1. 理解复式记账法的基本原理。
2. 理解借贷记账法的概念和基本内容。
3. 熟悉账户的对应关系和对应账户的含义。
4. 熟练地编制简单的会计分录。

重点与难点 ↓

重点：借贷记账法的概念与基本内容。
难点：复式记账法的基本原理。

知识点回顾 ↓

复式记账法，就是对任何一项经济业务，都必须用相等的金额在两个或两个以上的账户中相互联系地进行登记的方法，这是一种发展较完善的方法。

借贷记账法是以"借"和"贷"作为记账符号进行复式记账的方法。在借贷记账法下，资产类账户和成本费用支出类账户的结构：借方登记增加发生额，贷方登记减少发生额（或转销额），期末若有余额，应为借方余额；负债类账户、所有者权益类账户和收入类账户的结构：贷方登记增加发生额，借方登记减少发生额，期末若有余额，应为贷方余额。借贷记账法的记账规则："有借必有贷，借贷必相等"。运用借贷记账法记录每项经济业务时，会在有关账户之间产生应借、应贷的对应关系，这种具有对应关系的账户为对应账户。在账户中记录任何一项经济业务，都必须以记账凭证为依据。在记账凭证中指明某项经济业务应借、应贷的账户名称以及应计入账户的金额，为会计分录。由于借贷记账法建立的基础是会计等式，因此，在借贷记账法下可以进行余额试算平衡。同时，由于借贷记账法的记账规则，又产生了发生额试算平衡。通过分类账户的试算平衡，可以初步检查会计记录的正确性。

职业能力训练

一、单项选择题

1. 复式记账法是对每一笔经济业务，都以相等的金额在（　　）同时登记。

  A. 一个账户   B. 两个账户

  C. 一个或两个账户   D. 两个或两个以上账户

2. 复式记账是对每项经济业务按相同金额在两个或两个以上账户中同时登记，所涉及的账户是（　　）。

  A. 负债账户

  B. 资产账户

  C. 相互联系的对应账户

  D. 总分类账户与明细分类账户

3. 在借贷记账法中，账户的哪一方记增加数，哪一方记减少数，是由（　　）决定的。

  A. 记账规则 B. 账户性质 C. 收支金额 D. 账户结构

4. 下列各项中，期末无余额的账户是（　　）。

  A. "生产成本"账户   B. "营业外收入"账户

  C. "应付职工薪酬"账户 D. "盈余公积"账户

5. 按借贷记账法，（　　）的会计处理，应借记某一资产账户，贷记某一负债账户。

  A. 赊销商品 B. 赊购商品 C. 支付费用 D. 偿还负债

6. 下列各项中，不会引起会计等式两边同时发生变动的业务是（　　）。

  A. 取得投资者投资款存入银行 B. 收回其他应收款

  C. 向银行取得借款   D. 用现金发放工资

7. 下列各项中，关于试算平衡的相关说法，不正确的是（　　）。

  A. 试算平衡包括发生额试算平衡和余额试算平衡

  B. 如果试算平衡，说明总分类账的登记一定是正确的

  C. 发生额试算平衡依据的是借贷记账法的记账规则

  D. 余额试算平衡依据的是资产与权益的恒等关系

8. 在借贷记账法下，"财务费用"的增加额登记在（　　）。

  A. 借方   B. 贷方

  C. 借方和贷方   D. 借方或贷方

9. 全部账户借方期初余额合计应当等于（　　）。

  A. 全部账户本期借方发生额合计

  B. 全部账户本期贷方发生额合计

  C. 全部账户期初贷方余额合计

  D. 全部账户贷方期末余额合计

10. 通常没有期末余额的账户是（　　）。

    A. 资产账户   B. 负债账户

    C. 所有者权益   D. 损益账户

11. 我国《企业会计准则——基本准则》中明确规定，企业应当采用的记账方法是（　　）。

    A. 借贷记账法   B. 收付记账法

    C. 增减记账法   D. 单式记账法

12. 下列各项中，会导致试算不平衡的因素是（　　）。（2019 年真题）

    A. 重记某项经济业务   B. 漏记某项经济业务

    C. 借方多记金额   D. 借贷科目用错

二、多项选择题

1. 复式记账法的特点有（　　）。

    A. 需要建立完整的账户体系

    B. 对每一笔经济业务都要进行反映

    C. 可以进行全面的综合试算

    D. 只反映经济业务的一个方面

2. 借贷记账法的基本内容包括（　　）。

    A. 记账符号   B. 账户设置

    C. 记账规则   D. 试算平衡

3. 借贷记账法中的"借"方表示（　　）。

    A. 资产的增加   B. 负债的减少

    C. 收益的转销   D. 费用成本的增加

4. 下列各项中，不影响借方和贷方的平衡关系的有（　　）。

    A. 漏记或重记某项经济业务

    B. 某项经济业务记错有关会计科目，即串户

    C. 某项经济业务在账户记录中，颠倒记账方向

    D. 借方或贷方的发生额中，金额记录的不正确

5. 企业购入固定资产，价值为 3 000 元，误记入"管理费用"账户，其结果会导致（　　）。

    A. 费用多计 3 000 元   B. 资产少计 3 000 元

    C. 净收益多计 3 000 元   D. 净收益少计 3 000 元

6. 下列各项中，属于资产和负债同时增加相同金额的有（　　）。

    A. 赊购原材料   B. 提取备用金

    C. 取得短期借款   D. 以银行存款偿付欠款

7. 会计科目按其所提供信息的详细程度及其统驭关系，可以分为（　　）。

    A. 资产类科目、负债类科目和所有者权益类科目

    B. 共同类科目、成本类科目和损益类科目

C. 总分类科目

D. 明细分类科目

8. 下列各项中，属于复式记账法的有（　　　）。

A. 借贷记账法   B. 增减记账法

C. 收付记账法   D. 单式记账法

9. 下列各项中，关于各类复合会计分录的类型正确的有（　　　）。

A. 一借多贷   B. 多借一贷   C. 多借多贷   D. 一借一贷

10. 下列各项中，以"资产=负债+所有者权益"这一会计等式为理论依据的有（　　　）。

A. 平行登记   B. 复式记账法

C. 编制资产负债表   D. 成本计算

11. 下列各项中，属于单式记账法的特点的是（　　　）。

A. 只对发生的现金、银行存款收付以及欠款等债权债务结算情况进行记录

B. 账户体系设置不完整

C. 可以进行试算平衡

D. 记录相对来说较为复杂

三、判断题

1. 在借贷记账法中，"借""贷"作为记账符号已经失去了原来字面的意义，只表示记账方向，因此对于所有账户来说，"借"表示增加，"贷"表示减少。   （　　　）

2. 所有者权益类账户的贷方用来记录其增加额，借方记录其减少额。   （　　　）

3. 一笔经济业务不可能使一项资产减少，另一项资产也减少，而负债和所有者权益不变。   （　　　）

4. 通过试算平衡检查账簿记录后，若左右平衡就可以肯定记账没有错误。   （　　　）

5. 任何经济业务发生后，均会引起资产和权益同时发生增减变化，但资产和权益在数量上仍然相等。   （　　　）

6. 我国最新会计准则规定，企业、行政单位和事业单位会计核算可根据企业的具体情况选择采用借贷记账法、增减记账法或收付记账法记账。   （　　　）

7. 资产类账户和负债类账户一般都有期末余额，而资产类由于增加在借方，所以期末余额的方向与记录增加的方向一致，而负债账户由于增加在贷方，所以期末余额的方向与记录增加的方向相反。（　　　）

8. 试算平衡具有局限性，不能发现全部记账过程中的错误和遗漏。   （　　　）

9. 不应将不同类型的经济业务，合并记录成多借多贷的经济业务。   （　　　）

错题笔记

10. 账户的对应关系是指某个账户内的借方与贷方的相互关系。

（　　）

11. 复式记账法的记账基础是基本会计等式。（　　）

12. 我国《企业会计准则》规定企业须采用复式记账法。（　　）

13. 运用单式记账法记录经济业务，可以反映每项经济业务的来龙去脉，可以检查每笔业务是否合理、合法。（　　）

14. 各种复式记账法的根本区别在于记账符号不同。（　　）

四、实训题

（一）实训目的：练习借贷记账法。

（二）实训资料：德高制造有限公司 7 月份经营状况如下。

1. 假定德高制造有限公司 2019 年 7 月各项资产、负债及所有者权益账户的期初余额，如表 3-1 所示。

表 3-1　各项资产、负债及所有者权益账户的期初余额

单位：德高制造有限公司　　　　　　2019 年 7 月 1 日　　　　　　单位：元

资产		负债及所有者权益	
账户名称	金额	账户名称	金额
库存现金	1 000	短期借款	20 000
银行存款	20 000	应收账款	3 000
应收账款	3 000	应交税费	2 000
其他应收款	1 000	实收资本	80 000
原材料	20 000	资本公积	4 000
生产成本	5 000	盈余公积	1 000
库存商品	10 000		
固定资产	50 000		
合计	110 000	合计	110 000

2. 该公司 7 月份发生下列经济业务。

（1）购买材料一批，价款为 5 000 元，材料已经验收入库，款项未付。

（2）从银行提取现金 2 000 元，以备零用。

（3）收到投资者投入的资金 30 000 元，存入银行。

（4）以银行存款缴纳上个月的应交税金 1 000 元。

（5）将资本公积 3 000 元转增资本。

（6）以银行存款 5 000 元购买设备一台。

（7）收到购货单位前欠货款 3 000 元，存入银行。

（8）从银行取得 3 个月的借款 10 000 元，存入银行。

（9）开出支票偿还货款 3 000 元。

（10）生产车间向仓库领用材料一批，价款为 2 000 元。

（11）采购员预借差旅费 1 000 元，以现金付讫。

（三）实训要求：根据实训资料，完成以下实训要求。

1. 根据该企业期初资产负债表的账户余额开设"T"型账户并登记期初余额。

2. 根据上述各项经济业务编制会计分录，并记入有关账户。

3. 结出各账户的本期发生额和期末余额。

4. 编制总分类账户的本期发生额、期末余额试算平衡表。

（四）实训区域

项目四

主要业务的核算

1. 了解一般制造业的经营过程。
2. 熟悉制造业筹资业务、供应业务、生产业务、销售业务、利润的形成及分配业务，正确编制会计分录，填制记账凭证。
3. 能正确进行采购成本、产品生产成本、产品销售成本的计算。

重点：正确编制筹资业务、供应业务、生产业务、销售业务、利润形成及分配业务的会计分录。

难点：产品生产成本的核算及利润的形成和分配。

一、筹资业务核算

（一）投入资本业务

（1）"实收资本"账户。

"实收资本"账户（股份有限公司一般设置"股本"账户）属于所有者权益类账户，用以核算企业接受投资者投入的实收资本。

该账户可按投资者的不同设置明细账户，进行明细核算。

（2）"资本公积"账户。

"资本公积"账户属于所有者权益类账户，核算企业收到投资者出资额超出其在注册资本或股本中所占份额的部分。

（3）"银行存款"账户。

"银行存款"账户属于资产类账户，用以核算企业存入银行或其他金融机构的各种款项的增减变动情况。该账户应当按照开户银行、存款种类等分别进行明细核算。

（二）借款业务

（1）"短期借款"账户。

"短期借款"账户属于负债类账户，是指企业为了满足其生产经营对资金的临时性需要而向银行或其他金融机构等借入的偿还期限在一年以内（含一年）的各种借款。

（2）"长期借款"账户。

"长期借款"账户属于负债类账户，是指企业为了满足其生产经营对资金的临时性需要而向银行或其他金融机构等借入的偿还期限在一年以上的各种借款。

（3）"应付利息"账户。

"应付利息"账户属于负债类账户，用以核算企业按照合同约定应支付的利息，包括按月计提的短期借款利息、吸收存款、分期付息到期还本的长期借款、企业债券等应支付的利息。

（4）"财务费用"账户。

"财务费用"账户属于损益类账户，用以核算企业为筹集生产经营所需资金等发生的筹资费用，包括利息支出（减利息收入）、汇兑损益以及相关的手续费、企业发生的现金折扣或收到的现金折扣等。期末结转后，该账户无余额。

二、供应业务核算

（一）账户设置

（1）"原材料"账户属于资产类账户，用以核算企业库存的各种材料的实际成本。

（2）"在途物资"账户属于资产类账户，用以核算企业已购买但尚未入库材料的实际成本。

（3）"应交税费"账户属于负债类账户，用以核算企业按照税法规定应缴纳的各种税费，包括增值税、消费税、企业所得税、个人所得税、城市维护建设税、房产税、资源税。

（4）"应付账款"账户属于负债类账户，用以核算和监督企业因购买材料、商品和接受劳务或服务等而应付给供应单位的款项。

（5）"应付票据"账户属于负债类账户，用以核算和监督企业因购买材料、商品和接受劳务或服务等而开出、承兑的商业汇票，包括商业承兑汇票和银行承兑汇票。

（二）账务处理

1. 已经验收入库的

借：原材料
　　应交税费——应交增值税（进项税额）
　　　贷：银行存款（或应付账款、应付票据）

2. 尚未验收入库

（1）收到采购发票时。

借：在途物资

应交税费——应交增值税（进项税额）

贷：银行存款（或应付账款、应付票据）

（2）材料验收入库时。

借：原材料

贷：在途物资

三、生产业务核算

（一）材料费用的归集和分配

1. 账户设置

（1）"生产成本"账户属于成本类账户，用以归集和分配企业生产过程中产生的各种生产费用，以正确的计算产品的生产成本。

（2）"制造费用"账户属于成本类账户，用以归集和分配企业生产过程中产生的各种间接费用。

2. 账务处理

借：生产成本/制造费用/管理费用/销售费用

贷：原材料

（二）人工费用的归集和分配

1. 账户设置

"应付职工薪酬"账户属于负债类账户，用以核算企业应付给职工的各种薪酬。

2. 账务处理

借：生产成本（或制造费用、管理费用、销售费用）

贷：应付职工薪酬

（三）制造费用的归集和分配

1. 账户设置

"累计折旧"账户属于资产类账户，是固定资产的备抵账户，用以核算固定资产因磨损而减少的价值，即对固定资产计提的累计折旧。

2. 账务处理

借：制造费用（或管理费用、销售费用）

贷：累计折旧（或银行存款）

（四）完工产品成本的计算和结转

1. 账户设置

"库存商品"账户属于资产类账户，用以核算企业库存的产成本、库存的外购商品等的实际成本。

2．账务处理

完工产品的成本=期初在产品的成本+本期发生的生产成本

－期末在产品成本

本期发生的生产成本=本期的直接材料+本期的直接人工

+本期的制造费用

借：库存商品

　　贷：生产成本

四、销售业务核算

（一）主营业务收入及成本

1．账户设置

（1）"主营业务收入"账户。

"主营业务收入"账户属于损益类账户，用以核算企业确认的销售商品、提供劳务等主营业务的收入。期末结转后，该账户无余额。

该账户应按照主营业务的种类设置明细账户，进行明细分类核算。

（2）"应收账款"账户。

"应收账款"账户属于资产类账户，用以核算企业因销售商品、提供劳务等经营活动应收取的款项。该账户应按不同的债务人进行明细分类核算。

（3）"应收票据"账户。

"应收票据"账户属于资产类账户，用以核算企业因销售商品、提供劳务等而收到的商业汇票。该账户可按开出、承兑商业汇票的单位进行明细核算。

（4）"预收账款"账户。

"预收账款"账户属于负债类账户，用以核算企业按照合同规定预收的款项。预收账款情况不多的，也可以不设置本账户，将预收的款项直接记入"应收账款"账户。该账户可按购货单位进行明细核算。

（5）"主营业务成本"账户。

"主营业务成本"账户属于损益类账户，用以核算企业确认销售商品、提供劳务等主营业务收入时应结转的相关成本。

该账户可按主营业务的种类设置明细账户，进行明细分类核算。

2．账务处理

（1）确认收入。

借：银行存款（或应收账款、应收票据）

　　贷：主营业务收入

　　　　应交税费——应交增值税（销项税额）

（2）结转成本。

借：主营业务成本

　　贷：库存商品

错题笔记

（3）票据到期，收到货款。

借：银行存款

　　贷：应收票据

（二）其他业务收入及成本

1. 账户设置

（1）"其他业务收入"账户。

"其他业务收入"账户属于损益类账户，用以核算企业确认的除主营业务活动以外的其他经营活动实现的收入，包括销售材料、出租固定资产、出租无形资产、出租包装物和商品等。期末结转后，该账户无余额。

该账户可按其他业务的种类设置明细账户，进行明细分类核算。

（2）"其他业务成本"账户。

"其他业务成本"账户属于损益类账户，用以核算企业确认的除主营业务活动以外的其他经营活动所发生的成本，包括销售材料的成本、出租固定资产的折旧额、出租无形资产的摊销额、出租包装物的成本或摊销额等。期末结转后，该账户无余额。

该账户可按其他业务的种类设置明细账户，进行明细分类核算。

（3）"税金及附加"账户。

"税金及附加"账户属于损益类账户，用以核算企业经营活动发生的消费税、城市维护建设税、资源税和教育费附加、房产税、车船税、城镇土地使用税、印花税等税费。期末结转后，该账户无余额。

2. 账务处理

（1）确认收入。

借：银行存款（或应收账款、应收票据）

　　贷：其他业务收入

　　　　应交税费——应交增值税（销项税额）

（2）结转成本或计提折旧。

借：其他业务成本

　　贷：原材料（或累计折旧）

（3）计提税金及附加。

借：税金及附加

　　贷：应交税费——应交城市维护建设税

　　　　　　　　——应交教育费附加等

（三）期间费用的构成、账户设置和账务处理

1. 期间费用的构成

期间费用是指企业日常活动中不能直接归属于某个特定成本核算对象的，在发生时应直接计入当期损益的各种费用。期间费用包括管理费用、销售费用和财务费用。

- 管理费用是指企业为组织和管理企业生产经营活动所发生的各种费用。

- 销售费用是指企业销售商品和材料、提供劳务的过程中发生的各种费用。

- 财务费用是指企业为筹集生产经营所需资金等而发生的筹资费用。

2. 账户设置

（1）"管理费用"账户。

"管理费用"账户属于损益类账户，用以核算企业为组织和管理企业生产经营所发生的管理费用。

该账户可按费用项目设置明细账户，进行明细分类核算。

（2）"销售费用"账户。

"销售费用"账户属于损益类账户，用以核算企业发生的各项销售费用。

该账户可按费用项目设置明细账户，进行明细分类核算。

（3）"财务费用"账户。

"财务费用"账户属于损益类账户，用以核算企业为筹集生产经营所需资金等而发生的筹资费用，包括利息支出（减利息收入）、汇兑损益以及相关的手续费、企业发生的现金折扣或收到的现金折扣等。为购建或生产满足资本化条件的资产发生的应予资本化的借款费用，通过"在建工程""制造费用"等账户核算。期末结转后，该账户无余额。

3. 账务处理

（1）管理费用。

借：管理费用

　　贷：累计折旧（或应付职工薪酬、银行存款）

（2）销售费用。

借：销售费用

　　贷：银行存款（或应付职工薪酬、累计折旧）

（3）财务费用。

借：财务费用

　　贷：应付利息

五、利润形成及分配业务核算

（一）利润形成业务

1. 利润的形成

（1）营业利润。

营业利润=营业收入-营业成本-税金及附加-销售费用-管理费用-财务费用-信用减值损失-资产减值损失+公允价值变动收益（-公允价值变动损失）+投资收益（-投资损失）+其他收益+资产处置收益（-资产处置损失）

营业收入=主营业务收入+其他业务收入

营业成本=主营业务成本+其他业务成本

（2）利润总额（税前利润）。

利润总额=营业利润+营业外收入-营业外支出

（3）净利润（税后利润）。

净利润=利润总额-所得税费用

2. 账户设置

（1）"本年利润"账户。

"本年利润"账户属于所有者权益类账户，用以核算企业当期实现的净利润（或发生的净亏损）。企业期（月）末结转利润时，应将各损益类账户的金额转入本账户，结平各损益类账户。

结转完成后，余额如在贷方，即为当期实现的净利润；余额如在借方，即为当期发生的净亏损。

年度终了，应将本年实现的净利润（或发生的净亏损），转入"利润分配——未分配利润"账户贷方（或借方），结转后本账户无余额。

（2）"投资收益"账户。

"投资收益"账户属于损益类账户，用以核算企业确认的投资收益或投资损失。期末结转后，该账户无余额。

（3）"营业外收入"账户。

"营业外收入"账户属于损益类账户，用以核算企业发生的各项营业外收入，主要包括债务重组利得、盘盈利得、捐赠利得等。期末结转后，该账户无余额。

（4）"营业外支出"账户。

"营业外支出"账户属于损益类账户，用以核算企业发生的各项营业外支出，包括债务重组损失、公益性捐赠支出、非常损失、盘亏损失等。期末结转后，该账户无余额。

（5）"所得税费用"账户。

"所得税费用"账户属于损益类账户，用以核算企业确认的应从当期利润总额中扣除的所得税费用。期末结转后，该账户无余额。

3. 账务处理

（1）结转损益类账户贷方余额。

借：主营业务收入（或其他业务收入、公允价值变动损益、投资收益）

  贷：本年利润

（2）结转损益类账户借方余额。

借：本年利润

  贷：主营业务成本（或其他业务成本、税金及附加、销售费用）

（3）计算确认所得税费用。

借：所得税费用

  贷：应交税费——应交所得税

（4）结转所得税费用。

借：本年利润

　　贷：所得税费用

（二）利润分配业务

1. 利润分配的顺序

企业向投资者分配利润，应按一定的顺序进行。按照我国《公司法》的有关规定，利润分配应按下列顺序进行。

（1）计算可供分配的利润。

可供分配的利润=当年实现的净利润（–净亏损）

　　　　　　　　+年初未分配利润（–年初未弥补亏损）+其他转入

如果可供分配的利润为负数（累计亏损），则不能进行后续分配。

如果可供分配的利润为正数（累计盈利），则可以进行后续分配。

（2）提取法定盈余公积。

按照《公司法》的有关规定，公司应当按照当年净利润（抵减年初累计亏损后）的 10% 提取法定盈余公积，提取的法定盈余公积累计额超过注册资本 50% 的，可以不再提取。

（3）提取任意盈余公积。

公司提取法定盈余公积后，经股东大会决议，还可以从净利润中提取任意盈余公积。

（4）向投资者分配利润（或股利）。

　　可供投资者分配的利润=可供分配的利润-提取的盈余公积

企业可采用现金股利、股票股利和财产股利等形式向投资者分配利润（或股利）。

2. 账户设置

（1）"利润分配"账户。

"利润分配"账户属于所有者权益类账户，用以核算企业利润的分配（或亏损的弥补）和历年分配（或弥补）后的余额。

该账户应当分别就"提取法定盈余公积""提取任意盈余公积""应付现金股利（或利润）""转作股本的股利""盈余公积补亏"和"未分配利润"等进行明细核算。

年末，应将"利润分配"账户下的其他明细账户的余额转入"未分配利润"明细账户。结转后，除"未分配利润"明细账户可能有余额外，其他各个明细账户均无余额。

（2）"盈余公积"账户。

"盈余公积"账户属于所有者权益类账户，用以核算企业从净利润中提取的盈余公积。

该账户应当分别就"法定盈余公积""任意盈余公积"进行明细核算。

（3）"应付股利"账户。

"应付股利"账户属于负债类账户，用以核算企业分配的现金股利或利润。

3. 账务处理

（1）净利润转入利润分配。

借：本年利润

　　贷：利润分配——未分配利润

如为净亏损，则编制相反会计分录。

（2）提取盈余公积。

借：利润分配——提取法定盈余公积

　　　　　　——提取任意盈余公积

　　贷：盈余公积——法定盈余公积

　　　　　　　——任意盈余公积

（3）向投资者分配利润或股利。

借：利润分配——应付现金股利

　　贷：应付股利

（4）支付现金股利时。

借：应付股利

　　贷：银行存款

（5）企业未分配利润的形成。

借：利润分配——未分配利润

　　贷：利润分配——提取法定盈余公积

　　　　利润分配——提取任意盈余公积

　　　　利润分配——应付现金股利

职业能力训练

任务一　筹资业务核算

一、单项选择题

1. 明晰企业产权关系的重要标志是（　　）。

　　A. 资产　　　　B. 资本　　　　C. 借款额　　　D. 利润

2. 2020 年 4 月 1 日，甲公司因生产经营的临时性需要从银行取得借款 400 000 元，借款期限为 6 个月，年利率为 6%，到期还本，按月计提利息，按季付息，该公司确认 4 月份利息费用的会计分录为（　　）。

　　A. 借：财务费用　　　　　　　　　　　　　　2 000

　　　　　贷：应付利息　　　　　　　　　　　　　　　2 000

　　B. 借：应付利息　　　　　　　　　　　　　　2 000

　　　　　贷：银行存款　　　　　　　　　　　　　　　2 000

  C. 借：管理费用   2 000

    贷：应付利息   2 000

  D. 借：财务费用   2 000

    贷：短期借款   2 000

  3. 下列各项中，属于银行存款增加的业务是（　　）。

    A. 从银行提取库存现金

    B. 从银行取得短期借款

    C. 支付前欠货款

    D. 销售商品收到商业汇票一张

  4. 企业收到投资方以现金投入的资本，实际投入的金额超过其在注册资本中所占的份额的部分，应记入（　　）账户。

    A. 实收资本 B. 资本公积 C. 盈余公积 D. 投资收益

  5. 下列各项中，不应通过"其他货币资金"科目核算的业务是（　　）。

    A. 银行汇票存款   B. 信用卡存款

    C. 银行存款   D. 外埠存款

  6. 下列各项中，不应通过"应收账款"科目核算的业务是（　　）。

    A. 销售商品应收的款项   B. 销售原材料应收的款项

    C. 提供劳务应收的款项   D. 应收的各种赔款

  二、多项选择题

  1. 下列各项中，关于"银行存款"科目的表述正确的有（　　）。

    A. 借方登记银行存款的增加

    B. 主要用于核算企业存入银行或其他金融机构的各种款项

    C. 贷方登记银行存款的减少

    D. 核算内容包括银行汇票存款、银行本票存款、信用卡存款、外埠存款

  2. 下列各项中，一般不通过"资本公积"科目核算的业务有（　　）。

    A. 接受固定资产捐赠   B. 划转无法支付的应付账款

    C. 固定资产的盘盈   D. 股本溢价

  3. 企业从银行借入的期限为 6 个月的借款到期，偿还该借款本息时所编制的会计分录可能涉及的科目有（　　）。

    A. 管理费用   B. 短期借款

    C. 财务费用   D. 银行存款

  4. 企业生产经营期间计提短期借款利息时，涉及的会计科目有（　　）。

    A. 短期借款   B. 应付利息

    C. 财务费用   D. 管理费用

  5. 应收账款的入账价值包括（　　）。

    A. 增值税销项税额   B. 增值税进项税额

C. 代购货方代垫付的包装费　　D. 代购货方垫付的运杂费

三、判断题

1. 任何单位的资金都要经过资金投入、循环、周转和退出的运动过程，不会因为单位所在的国家和地区的不同而有所不同。　（　　）

2. 企业所拥有的资产，从财产权利的归属来看，一部分属于投资者，另一部分则属于企业法人。　（　　）

3. 企业资金的主要来源渠道有所有者投入资金和通过各种形式举借债务以及出售所持有的股票等。　（　　）

4. 企业的资本主要包括实收资本和资本公积。　（　　）

5. 短期借款的账面价值包含所计提的利息的金额。　（　　）

四、实训题

<实训一>

（一）实训目的：练习筹资业务核算。

（二）实训资料：德高制造有限公司发生以下筹资业务。

（1）公司收到大宇公司投资的设备一台，价值为 200 000 元。

（2）公司收到宏达公司投入的货币资金 300 000 元，已存入银行。

（3）公司收到三山公司的投资款 500 000 元，超出法定注册资本 150 000 元。

（三）实训要求：编制有关的会计分录。

（四）实训区域

<实训二>

（一）实训目的：练习筹资业务核算。

（二）实训资料：2020 年 4 月 1 日，盛泰公司因急需流动资金，从银行取得 5 个月期限的借款 200 000 元，年利率为 6%，按月计提利息，8 月 31 日到期偿还本息，假定不考虑其他因素。

（1）取得借款。

（2）每月计提利息。

（3）到期还本付息。

（三）实训要求：编制盛泰公司与短期借款有关的账务处理。

（四）实训区域

任务二 供应业务核算

一、单项选择题

1. 实际成本法下，用来核算企业已采购但尚未验收入库的材料成本的账户是（　　）。

    A. 库存商品　　B. 原材料　　C. 周转材料　　D. 在途物资

2. 下列各项中，不构成材料采购成本的是（　　）。

    A. 买价　　　　　　　　B. 可抵扣的增值税税额

    C. 关税　　　　　　　　D. 入库前的挑选整理费

3. 下列各项中，期末应转入"生产成本"账户的是（　　）。

    A. 管理费用　　B. 销售费用　　C. 制造费用　　D. 财务费用

4. 某制造业企业为增值税一般纳税人。本期外购原材料一批，增值税专用发票上注明买价 20 000 元，增值税税额为 2 600 元，入库前发生的挑选整理费用为 1 000 元，则该批原材料的入账价值为（　　）元。

    A. 20 000　　B. 22 600　　C. 21 000　　D. 23 600

5. 计划成本法下，用来核算企业已采购但尚未验收入库的材料成本的账户是（　　）。

    A. 库存商品　　B. 原材料　　C. 周转材料　　D. 材料采购

6. 甲企业购入原材料一批，材料已验收入库，同时取得增值税专用发票，已开出商业承兑汇票支付，甲企业应贷记的会计科目是（　　）。

    A. 应收票据　　B. 应付票据　　C. 原材料　　D. 应付账款

7. 某制造业企业为增值税一般纳税人，本期外购原材料一批，取得增值税专用发票上注明，甲材料 1 000 千克，单价 10 元/千克，增值税税额为 1 300 元，乙材料 2 000 千克，单价 15 元/千克，增值税税额为 3 900 元，取得增值税专用发票上注明的运费 300 元，假设运费按照重量进行分摊，则甲材料的入账价值为（　　）元。

    A. 10 000　　B. 11 300　　C. 10 100　　D. 10 109

二、多项选择题

1. 增值税一般纳税人采购原材料的成本包括（　　）。

A. 买价　　　　　　　　　　B. 运费

C. 入库前的挑选整理费用　　D. 增值税进项税额

2. 通过"应付票据"账户核算的有（　　　）。

A. 银行本票　　　　　　　　B. 银行汇票

C. 商业承兑汇票　　　　　　D. 银行承兑汇票

3. 企业采购原材料，在编制会计分录时借方科目可能会涉及哪些会计科目（　　　）。

A. 原材料

B. 应交税费——应交增值税（进项税额）

C. 在途物资

D. 应交税费——应交增值税（销项税额）

4. 企业采购原材料，在编制会计分录时贷方科目可能会涉及哪些会计科目（　　　）。

A. 银行存款

B. 应付账款

C. 应付票据

D. 应交税费——应交增值税（销项税额）

5. 增值税小规模纳税人采购原材料的成本包括（　　　）。

A. 买价　　　　　　　　　　B. 运费

C. 入库前的挑选整理费用　　D. 增值税进项税额

三、判断题

1. "在途物资"科目，期末余额在借方，反映企业已入库原材料的采购成本。　　　　　　　　　　　　　　　　　　　　（　　　）

2. 材料的买价加上采购费用和增值税进项税额，就是材料的采购成本。　　　　　　　　　　　　　　　　　　　　　　（　　　）

3. 购入材料在运输途中发生的合理损耗应从材料成本中扣除。

（　　　）

四、实训题

（一）实训目的：练习供应业务核算。

（二）实训资料：东方公司是增值税一般纳税人，2020 年 10 月，发生经济业务如下。

（1）2 日，从红星公司购入甲材料 300 千克，单价 100 元/千克，取得增值税专用发票，发票上注明的增值税税额为 3 900 元，材料已验收入库，开出一张转账支票支付。

（2）4 日，从嘉泰公司购入乙材料 2 000 千克，单价 80 元/千克，取得增值税专用发票，发票上注明的增值税税额为 20 800 元，对方代垫运费 1 000 元（不考虑增值税），材料尚未到达，款项尚未支付。

（3）10 日，从天朗公司购入原材料一批，取得增值税专用发票，发票上注明购入丙材料 1 000 千克，单价 40 元/千克，增值税税额为

5 200 元；购入丁材料 3 000 千克，单价 80 元/千克，增值税税额为 31 200 元，发生运费 800 元（运费按照两种材料的质量进行分摊），款项已支付。

（4）15 日，收到 4 日从嘉泰公司购买的乙材料 2 000 千克，已验收入库。

（5）18 日，开出转账支票支付 4 日从嘉泰公司购买乙材料的款项。

（6）20 日，从宏盛公司购入甲材料 200 千克，单价 100 元/千克，取得增值税专用发票，发票上注明的增值税税额为 2 600 元，材料已验收入库，同日，向宏盛公司开具一张商业承兑汇票。

（三）实训要求：编制以上经济业务的会计分录。

（四）实训区域

错题笔记

任务三　生产业务核算

一、单项选择题

1. "生产成本"属于（　　）类账户。
   - A. 资产
   - B. 负债
   - C. 所有者权益
   - D. 成本

2. 下列各项中，期末应转入"生产成本"账户的是（　　）。
   - A. 管理费用
   - B. 销售费用
   - C. 制造费用
   - D. 财务费用

3. 生产车间管理人员的工资及福利费应借记（　　）会计科目。
   - A. 管理费用
   - B. 生产成本
   - C. 应付职工薪酬
   - D. 制造费用

4. 生产车间一般物料消耗，应将发出的材料成本记入（　　）会计科目。
   - A. 管理费用
   - B. 生产成本
   - C. 销售费用
   - D. 制造费用

5. 行政管理人员王某出差，预借差旅费 2 000 元，应借记（　　）会计科目。
   - A. 管理费用
   - B. 其他应收款
   - C. 销售费用
   - D. 其他应付款

6. 对生产车间的厂房计提折旧，应贷记（　　）会计科目。
   - A. 管理费用
   - B. 制造费用
   - C. 生产成本
   - D. 累计折旧

7. 甲企业本期发生的制造费用 60 000 元，假设按照机器工时分配制造费用，生产 A 设备的机器工时是 40 000 小时，生产 B 设备的机器工时是 10 000 元，则 A 设备应分摊的制造费用是（　　）元。

    A. 48 000　　　B. 12 000　　　C. 45 000　　　D. 15 000

8. 某企业月初在产乙产品的生产成本是 3 700 元，本月为生产乙产品发生直接材料支出 24 000 元，直接人工支出 15 000 元，制造费用支出 6 000 元，月末在产品成本是 7 900 元，则本月完工入库的乙产品的生产成本是（　　）元。

    A. 45 000　　　B. 48 700　　　C. 40 800　　　D. 37 100

二、多项选择题

1. 企业生产的产品成本的构成项目包括（　　）。

    A. 直接材料　　B. 直接人工　　C. 制造费用　　D. 生产成本

2. 下列各项中，应计入制造费用的有（　　）。

    A. 车间管理人员的工资　　　　　B. 车间固定资产的折旧费

    C. 车间应分摊的水电费　　　　　D. 生产工人的工资

3. 企业的期间费用包括（　　）。

    A. 制造费用　　B. 管理费用　　C. 销售费用　　D. 财务费用

4. 计算本期完工产品成本时，需要考虑的因素有（　　）。

    A. 月初在产品成本　　　　　　　B. 本月归集的管理费用

    C. 本月发生的生产费用　　　　　D. 月末在产品成本

5. 下列各项中，应计入某产品成本的费用有（　　）。

    A. 直接用于某种产品生产，构成产品实体的材料

    B. 直接生产某种产品的工人的工资

    C. 直接生产某种产品的工人的五险一金

    D. 生产车间发生的一般耗费

三、判断题

1. 一般情况下，期末制造费用要结转至生产成本账户，期末无余额。　　　　　　　　　　　　　　　　　　　　　　（　　）

2. 月末，结转完工产品入库的会计分录是借记"库存商品"，贷记"制造费用"。　　　　　　　　　　　　　　　　　　（　　）

3. "制造费用"和"管理费用"科目期末一般没有余额，要按照一定的方法结转至产品的成本中。　　　　　　　　　　　（　　）

4. "制造费用"属于损益类账户。　　　　　　　　　　（　　）

5. "制造费用"属于成本类账户，余额一般在借方，表示企业期末在产品的成本。　　　　　　　　　　　　　　　　　（　　）

6. 生产车间机器设备的修理费记入"管理费用"科目。（　　）

四、实训题

（一）实训目的：练习生产业务核算。

（二）实训资料：东方公司是增值税一般纳税人，2020 年 10 月，

发生经济业务如下。

（1）东方公司本月领用甲材料 8 000 千克，用于生产 A 产品，领用乙材料 4 700 千克，用于生产 B 产品，生产车间耗用甲材料 1 200 千克、乙材料 600 千克，管理部门领用甲材料 100 千克，销售部门领用乙材料 200 千克，甲材料每千克 10 元，乙材料每千克 20 元。

（2）计提本月职工工资：其中生产 A 产品的工人工资为 20 000 元，生产 B 产品的工人工资为 26 000 元，车间管理人员工资为 8 000 元，行政管理人员工资为 24 000 元，销售部门人员工资为 18 000 元，合计 96 000 元。

（3）计提本月固定资产折旧费，其中车间固定资产折旧费为 5 000 元，行政管理部门固定资产折旧费为 2 000 元，销售部门固定资产折旧费为 1 000 元，合计 8 000 元。

（4）用 800 元现金购买办公用品，其中生产车间分摊 300 元，管理部门分摊 300 元，销售部门分摊 200 元。

（5）开出转账支票支付电费 8 000 元，其中车间耗用 5 000 元，行政管理部门耗用 2 000 元，销售部门耗用 1 000 元。

（6）按照产品实际生产工时分配本月制造费用，其中 A 产品生产工时为 1 800 小时，B 产品生产工时为 600 小时。

（7）结转完工产品成本，其中 A 产品完工入库 600 件，B 产品完工入库 500 件，A、B 产品期初、期末均无在产品。

（三）实训要求：编制以上经济业务的会计分录。

（四）实训区域

任务四 销售业务核算

一、单项选择题

1. 下列各项中，不构成应收账款入账价值的是（ ）。

    A. 销售货物发生的商业折扣

    B. 代购货方垫付的运杂费

    C. 代购货方垫付的装卸费

    D. 确认商品销售收入尚未收到的价款

2. 企业出租包装物收取的租金应当（　　）。

  A. 计入主营业务收入　　　　B. 计入其他业务收入

  C. 计入营业外收入　　　　　D. 冲减管理费用

3. 下列各项中，不属于企业应收款项的是（　　）。

  A. 应收票据　　　　　　　　B. 预收账款

  C. 其他应收款　　　　　　　D. 应收账款

4. 下列各项中，属于债权的是（　　）。

  A. 应收票据　　　　　　　　B. 应付职工薪酬

  C. 预收账款　　　　　　　　D. 应付账款

5. 下列各项中，应记入"其他业务成本"账户的是（　　）。

  A. 自用无形资产的摊销额

  B. 结转出售原材料的成本

  C. 转让固定资产所有权的净损益

  D. 提供劳务的收入

6. 甲公司 2020 年 6 月 6 日销售一批产品，货款为 1 000 万元，增值税税率为 13%，该公司为增值税一般纳税人。销售当日甲公司收到购货方寄来一张 3 个月到期的商业承兑汇票，则甲公司应收票据的入账金额是（　　）万元。

  A. 1 013　　　B. 830　　　C. 1 130　　　D. 1 000

7. 某企业 2020 年 2 月 1 日销售一批产品，售价为 20 000 元，该公司为增值税一般纳税人，销售过程中发生运费 200 元、装卸费 1 200 元。则该企业应确认的收入为（　　）元。

  A. 20 000　　　B. 23 400　　　C. 19 600　　　D. 2 293

8. 某企业以现金 5 000 元购买办公用品，编制相关会计分录时，应借记的科目是（　　）。

  A. 管理费用　　B. 生产成本　　C. 销售费用　　D. 制造费用

9. 下列各项中，不属于期间费用的是（　　）。

  A. 管理费用　　B. 财务费用　　C. 制造费用　　D. 销售费用

10. 企业本期销售产品成本为 100 万元，罚款支出 12 万元，发生管理费 5 万元，销售费用 10 万元，则企业本期应确认的期间费用为（　　）万元。

  A. 15　　　　B. 27　　　　C. 127　　　　D. 115

11. 下列各项中，不通过管理费用核算的是（　　）。

  A. 工会经费　　B. 业务招待费　C. 广告费　　　D. 房产税

12. 行政部职工王晨出差回来报销差旅费 4 600 元（向财务部预借 5 000 元），经审核无误，交回剩余现金 400 元，应编制的会计分录为（　　）。

  A. 借：销售费用　　　　　　　　　　　　　　4 600

       库存现金　　　　　　　　　　　　　　400

$\qquad$ 贷：其他应收款——王晨 5 000

  B. 借：销售费用 4 600

$\qquad$ 库存现金 400

$\qquad$ 贷：应收账款——王晨 5 000

  C. 借：管理费用 4 600

$\qquad$ 库存现金 400

$\qquad$ 贷：其他应收款——王晨 5 000

  D. 借：管理费用 4 600

$\qquad$ 库存现金 400

$\qquad$ 贷：应收账款——王晨 5 000

13. 下列不确认收入的是（   ）。

  A. 销售原材料   B. 销售包装物

  C. 在建工程领用原材料   D. 出租包装物

14. 企业出租包装物收取的租金应当（   ）。

  A. 计入主营业务收入   B. 计入其他业务收入

  C. 计入营业外收入   D. 冲减管理费用

二、多项选择题

1. 下列各项中，不构成应收账款入账价值的是（   ）。

  A. 销售货物发生的商业折扣

  B. 代购货方垫付的运杂费

  C. 代购货方垫付的装卸费

  D. 确认商品销售收入尚未收到的价款

2. 下列各项中，应计入管理费用的有（   ）。

  A. 筹建期间发生的开办费   B. 行政管理人员工资

  C. 业务招待费   D. 行政部门办公设备折旧费

3. 下列各项中，应计入期间费用的有（   ）。

  A. 聘请中介机构费   B. 销售商品发生的现金折扣

  C. 销售商品发生的销售折让   D. 预计产品质量保证损失

4. 某企业 2020 年 12 月发生的费用：外设销售机构办公费用 40 万元；销售人员工资 30 万元；计提车间用固定资产折旧 20 万元；发生车间管理人员工资 60 万元；支付广告费用 60 万元；计提短期借款利息 40 万元；支付业务招待费 20 万元；行政管理人员工资 10 万元。则下列说法正确的有（   ）。

  A. 该企业 12 月发生财务费用 100 万元

  B. 该企业 12 月发生销售费用 130 万元

  C. 该企业 12 月发生制造费用 20 万元

  D. 该企业 12 月发生管理费用 30 万元

5. 工业企业在经营活动中，需要在"销售费用"账户中核算的有（   ）。

A. 广告费　　　　　　　　B. 展览费

C. 专设销售机构的人员工资　　D. 专设销售机构的房屋租金

三、判断题

1. 企业支付的银行承兑汇票的手续费通过"管理费用"账户进行核算。　　　　　　　　　　　　　　　　　　　（　　）

2. 期间费用包括管理费用、销售费用和财务费用。　（　　）

3. 主营业务收入属于收入类账户，用以核算企业确认的销售商品、提供劳务等主营业务的收入。期末结转后，该账户无余额。（　　）

四、实训题

（一）实训目的：练习销售业务核算。

（二）实训资料：盛泰公司2020年5月发生下列经济业务（不考虑税金因素）。

（1）5月2日，销售A商品100件给D公司，单价600元/件，对方以银行存款支付。该商品单位成本为450元。

（2）5月8日，以银行存款支付广告费5 000元。

（3）5月10日，销售C商品200件给N公司，单价300元/件，货已发出，对方开出商业承兑汇票一张，该商品单位成本为200元。

（4）5月11日，销售B商品50件给M公司，单价500元/件，货款尚未收到。该商品单位成本为400元。

（5）5月15日，计提专设销售机构固定资产折旧费3 000元。

（6）5月20日，收到M公司前欠货款60 000元，款项已存入开户银行。

（7）5月30日，按合同约定以银行存款18 000元预付L公司丙商品的购货款。

（8）5月31日，结转本月已售A、B、C商品的成本。

（三）实训要求：编制以上经济业务的会计分录。

（四）实训区域

任务五　利润形成及分配业务核算

一、单项选择题

1. 会计期末损益类科目结转至本年利润后，"本年利润"科目的贷方余额表示（　　　）。

    A. 累计未分配的利润   B. 净利润

    C. 净损失   D. 净支出

2. 企业发生的罚款支出，应记入的会计科目是（　　　）。

    A. 销售费用   B. 管理费用

    C. 营业外支出   D. 制造费用

3. 企业因债权人撤销而转销无法支付的应付账款时，应将所转销的应付账款记入（　　　）账户。

    A. 资本公积   B. 其他应付款

    C. 营业外收入   D. 其他业务收入

4. 下列各项中，不属于直接计入当期利润的利得和损失的是（　　　）。

    A. 出租固定资产获得的收益   B. 处置固定资产的净损失

    C. 自然灾害发生的损失   D. 企业对外捐赠支出

5. 下列各项中，不应计入营业收入的是（　　　）。

    A. 原材料销售收入   B. 商品销售收入

    C. 提供劳务收入   D. 固定资产处置净收益

6. 企业期末结转利润时，下列各项中，不应将其科目余额转入"本年利润"科目的是（　　　）。

    A. 制造费用   B. 销售费用

    C. 管理费用   D. 财务费用

7. 企业确认的所得税，应记入的借方科目是（　　　）。

    A. 销售费用   B. 所得税费用

    C. 应交税费   D. 财务费用

8. "利润分配"账户的年末余额如果在借方，其借方余额表示（　　　）。

    A. 历年积存未弥补亏损   B. 历年积存未分配利润

    C. 本年未弥补亏损   D. 本年未分配利润

9. 下列各项中，关于盈余公积说法不正确的是（　　　）。

    A. 可以用于发放现金股利或利润

    B. 可以用于弥补亏损

    C. 可以用于转增资本

    D. 可以用于偿还负债

10. 利润分配账户的年末借方余额表示（　　　）。

    A. 本期实现的净利润   B. 本期发生的净亏损

    C. 累计尚未分配的利润   D. 累计尚未弥补的亏损

二、多项选择题

1. 期末结平各损益类账户时，"本年利润"账户贷方的对应账户有（　　　）。

A. 投资收益   B. 主营业务成本

C. 税金及附加   D. 主营业务收入

2. 期末损益类科目结转时，"本年利润"科目贷方的对应科目有（   ）。

A. 主营业务成本   B. 主营业务税金及附加

C. 其他业务收入   D. 主营业务收入

3. 企业本年实现净利润 38 000 元，年末提取盈余公积 3 800 元，决定向投资者分配利润 9 000 元。该企业年末利润分配时应编制的会计分录为（   ）。

A. 借：利润分配   9 000

   贷：应付利润   9 000

B. 借：本年利润   38 000

   贷：利润分配   38 000

C. 借：利润分配   38 000

   贷：本年利润   38 000

D. 借：利润分配   3 800

   贷：盈余公积   3 800

4. 下列各项中，年度终了需要转入"利润分配——未分配利润"科目的有（   ）。

A. 本年利润

B. 利润分配——应付现金股利

C. 利润分配——盈余公积补亏

D. 利润分配——提取法定盈余公积

5. 下列各项中，关于利润分配说法正确的是（   ）。

A. 公司制企业应该按照税后利润的 10% 计提法定盈余公积

B. 法定盈余公积可以转增资本

C. 任意盈余公积的计提比例由企业自行决定

D. 未分配利润是没有指定用途的利润

6. 下列各项中，会影响企业利润总额的有（   ）。

A. 营业利润   B. 投资收益

C. 营业外收入   D. 所得税费用

三、判断题

1. "未分配利润"账户年末余额应等于企业当年实现的税后利润加上年初未分配利润（或减去年初未弥补亏损），再减去本年已分配的利润。   （   ）

2. 年度终了，"利润分配"各明细科目均无余额。   （   ）

3. 企业不能将盈余公积用于扩大生产经营。   （   ）

四、实训题

<实训一>

（一）实训目的：练习所得税费用的核算。

（二）实训资料：甲公司 2020 年全年利润总额（即税前会计利润）为 10 200 000 元，其中包括本年收到的国债利息收入 200 000 元，所得税税率为 25%。假定甲公司全年无其他纳税调整因素。按照税法的有关规定，企业购买国债的利息收入免交所得税，即在计算应纳税所得额时可将其扣除。

（三）实训要求：根据实训资料，完成以下实训要求。

（1）计算确认甲公司所得税费用，编制会计分录。

（2）以银行存款实际上缴所得税费用，编制会计分录。

（3）结转所得税费用，编制会计分录。

（四）实训区域

错题笔记

<实训二>

（一）实训目的：练习利润形成业务的核算。

（二）实训资料：凯其公司 2020 年 6 月发生以下经济业务。

（1）6 月 2 日，企业开出一张现金支票，从银行提取现金 40 000 元，备发工资。

（2）6 月 5 日，企业向希望工程捐款 10 000 元，已转账付讫。

（3）6 月 6 日，企业收回前欠货款 200 000 元，存入开户银行。

（4）6 月 7 日，企业购入一台不需要安装的机器，入账价值为 50 000 元，货款已通过银行划转。（不考虑相关税费）

（5）6 月 10 日，车间主任出差参加技术培训，预借差旅费 5 600 元，以现金付讫。

（6）6 月 14 日，企业购入一批生产用的材料，材料的买价是 80 000 元，入库前的挑选整理费用是 200 元（假设为职工劳务支出），运输途中的合理损耗是 2 000 元，材料已验收入库，货款尚未支付。

（7）6 月 18 日，某单位因违反销售合同，应向企业支付罚款 68 000 元，款项已经收到并存入银行。

（8）6 月 22 日，用存款支付上月应缴所得税 7 000 元。

（9）6 月 25 日，企业为营销产品参展酒会，支付展厅柜台租用费 60 000 元，用银行存款支付。

（10）6 月 26 日，用银行存款支付车间用水电费 4 200 元。

（11）6 月 27 日，销售一批多余材料，价值为 1 000 元，款项尚未

收到。（不考虑相关税费）

（12）6月28日，财务部购买复印纸和墨盒，价值为300元，用现金付讫。

（13）6月29日，企业销售一批产品，售价为620 000元，款项尚未收到，对方开出一张商业承兑汇票抵付货款。（不考虑相关税费）

（14）6月30日，进行材料领用汇总。本月生产用原材料价值为300 000元，车间一般耗用10 000元，销售部耗用5 000元，其他管理部门耗用1 200元，其中，采购部耗用500元，财务部耗用600元，信息部耗用100元。

（15）6月30日，进行工资费用汇总。本月生产产品工人工资为32 000元，车间管理人员工资为18 000元，销售部门工资为20 000元，其他管理部门工资为60 000元，其中，采购部32 000元，财务部耗用21 000元，信息部耗用7 000元。

（16）6月30日，按上述工资的14%计提福利费。

（17）6月30日，结转本月制造费用。

（18）6月30日，假设本月末无在产品，结转完工产品成本。

（19）6月30日，结转已销产品成本140 330元。

（20）6月30日，结转已销多余材料成本450元。

（21）6月30日，结转所有收益类账户。

（22）6月30日，结转所有费用类账户。

（23）6月30日，企业所得税税率为25%，计算本月应缴所得税费用。

（24）6月30日，结转本月所得税费用。

（三）实训要求：编制以上经济业务的会计分录。

（四）实训区域

项目五

会计凭证

学习目标 ↓

1. 了解会计凭证的概念、作用和种类。
2. 掌握会计凭证的填制要求和审核方法，会填制和审核会计凭证。
3. 熟悉会计凭证传递和保管的基本要求。

重点与难点 ↓

重点： 填制原始凭证和记账凭证。
难点： 审核原始凭证和记账凭证。

知识点回顾 ↓

一、会计凭证概述

（一）会计凭证的概念

会计凭证是在会计工作中用来记录经济业务、明确经济责任，作为登记会计账簿依据的一种具有法律效力的书面证明。

（二）会计凭证的作用

（1）记录经济业务，提供记账依据。
（2）监督经济活动，控制经济运行。
（3）明确经济责任，强化内部控制。

（三）会计凭证的分类

会计凭证按照填制程序和用途不同，可以划分为原始凭证和记账凭证两种。

二、原始凭证

（一）原始凭证的概念

原始凭证是在经济业务发生时取得或填制，载明经济业务具体内容和完成情况的书面证明。

（二）原始凭证的种类

原始凭证按取得的途径、来源不同，可分为自制原始凭证和外来原始凭证；原始凭证按凭证格式、使用范围不同，可分为通用凭证和专用凭证；原始凭证按填制手续、内容不同，可分为一次凭证、累计凭证和汇总原始凭证。

（三）原始凭证的基本内容

（1）原始凭证的名称。

（2）填制凭证的日期及编号。

（3）接收凭证的单位名称。

（4）经济业务的内容、数量、单价和金额等。

（5）填制凭证单位的名称和有关人员的签章。

（四）原始凭证的填制要求

（1）记录真实。

（2）手续完备。

（3）内容齐全。

（4）书写规范。

（5）填制及时。

（五）原始凭证的审核

（1）真实性审核。

（2）合法性审核。

（3）正确性审核。

（4）完整性审核。

（5）及时性审核。

三、记账凭证

（一）记账凭证的概念

记账凭证是指由会计人员根据审核无误的原始凭证或原始凭证汇总表加以归类整理而编制的，记载经济业务的简要内容，并确定会计分录，作为登记账簿直接依据的一种会计凭证。

（二）记账凭证的种类

记账凭证按使用范围和内容的不同分为专用记账凭证和通用记账凭证，其中专门记账凭证按经济业务内容的不同分为收款凭证、付款凭证和转账凭证；记账凭证按填制方式的不同分为复式记账凭证和单式记账凭证。

（三）记账凭证的基本内容

（1）记账凭证的名称。

（2）填制记账凭证的日期和凭证编号。

（3）经济业务的内容摘要。

（4）账户（包括一级、二级或明细账户）名称、记账方向和记账金额。

（5）所附原始凭证的张数。

（6）记账符号。

（7）填制、审核、记账等人员的签章。

（四）记账凭证的填制要求

（1）编制记账凭证时，必须对所依据的原始凭证的内容、手续等进行认真审核，确保无误后，方可作为编制依据。

（2）内容填写完整，编写规范。

（3）填制记账凭证时如发生错误，应当重新填制。

（4）填制凭证时应注意其日期、摘要、会计科目及借贷方向、金额、编号、附件、记账标记、划线注销、责任人签字是否准确，内容是否齐全。

（五）记账凭证的审核

所有填制好的记账凭证，都必须经过复核人员认真的审核。记账凭证审核的主要内容有以下几点。

（1）内容是否真实。

（2）项目是否齐全。

（3）会计科目是否正确。

（4）金额是否正确。

（5）书写是否正确。

职业能力训练

任务一　会计凭证认知

一、单项选择题

1. 会计凭证按其（　　　）不同，可以分为原始凭证和记账凭证。

    A. 填制的方法　　　　　　　　B. 取得的来源

    C. 填制程序和用途　　　　　　D. 反映经济业务的次数

2. （　　　）是记录经济业务完成情况、明确经济责任并据以登记会计账簿的书面证明，是登记会计账簿的依据。

    A. 原始凭证　　B. 记账凭证　　C. 会计凭证　　D. 通用凭证

二、多项选择题

1. 下列各项中，关于会计凭证的表述正确的有（　　　）。

    A. 会计凭证是记录经济业务事项发生或完成情况的书面证明，也是登记账簿的直接依据

    B. 填制和审核会计凭证既是会计核算的基本方法之一，也是会计核算工作的起点

    C. 会计凭证按照填制程序和经济业务内容的不同，可以分为原始凭证和记账凭证

    D. 通过会计凭证的审核可以及时发现经济管理中存在的问题，实现对经济活动的事前控制

2. 会计凭证的意义在于（　　　）。

    A. 记录经济业务，提供记账依据

    B. 明确经济责任，强化内部控制

    C. 监督经济活动，控制经济运行

    D. 编制财务报表，输出会计信息

三、判断题

1. 会计凭证是记账的原始依据，具有法律效力，是会计核算的重要资料。　　　　　　　　　　　　　　　　　　　　　　　　（　　　）

2. 会计凭证按其取得的来源不同，可以分为原始凭证和记账凭证。

　　　　　　　　　　　　　　　　　　　　　　　　　　　　（　　　）

任务二　原始凭证

一、单项选择题

1. 原始凭证按其填制手续不同可以分为（　　　）。

    A. 一次凭证和累计凭证

    B. 单式记账凭证和复式记账凭证

    C. 收款凭证和付款凭证

    D. 专用凭证和通用凭证

2. 下列各项中，属于汇总凭证的是（　　　）。

    A. 科目汇总表　　　　　　　　B. 汇总记账凭证

    C. 限额领料单　　　　　　　　D. 工资结算汇总表

3. 下列各项中，属于累计凭证的是（　　　）。

    A. 科目汇总表　　　　　　　　B. 汇总记账凭证

    C. 限额领料单　　　　　　　　D. 借款单

4. 差旅费报销单按照填制的手续及内容进行分类，属于原始凭证中的（　　　）。

    A. 一次凭证　　　　　　　　　B. 累计凭证

    C. 汇总原始凭证　　　　　　　D. 专用凭证

5. 下列各项中，对于金额有错误的原始凭证处理方法正确的是

（　　　）。（2018 年真题）

    A. 由出具单位在凭证上更正并加盖出具单位印章

    B. 由出具单位在凭证上更正并由经办人员签名

    C. 由出具单位在凭证上更正并由单位负责人签名

    D. 由出具单位重新开具凭证

6. 下列各项中，不属于原始凭证应当具备的基本内容的是（　　　）。

    A. 原始凭证的名称

    B. 接收凭证单位名称

    C. 填制凭证的日期

    D. 会计科目的名称、方向和金额

7. 原始凭证是在（　　　）时取得的。

    A. 经济业务发生　　　　　　　B. 填制记账凭证

    C. 登记总分类账　　　　　　　D. 登记明细分类账

8. 根据一定时期内反映相同经济业务内容的若干张原始凭证，按照一定标准综合填制的原始凭证属于（　　　）。

    A. 一次凭证　　　　　　　　　B. 累计凭证

    C. 汇总原始凭证　　　　　　　D. 通用凭证

9. （　　　）是会计工作的起点和关键。

    A. 填制和审核会计凭证　　　　B. 编制会计分录

    C. 登记会计账簿　　　　　　　D. 编制财务报表

10. 下列各项中，不能作为会计核算的原始依据的凭证是（　　　）。

    A. 发票　　　　B. 合同书　　　　C. 入库单　　　　D. 领料单

二、多项选择题

1. 原始凭证按照来源不同，可分为（　　　）。

    A. 外来原始凭证　　　　　　　B. 自制原始凭证

    C. 收款凭证　　　　　　　　　D. 付款凭证

2. 下列属于原始凭证的有（　　　）。

    A. 货运发票　　　B. 收料单　　　C. 职工名册　　　D. 借款单

3. 下列符合原始凭证填制要求的有（　　　）。

    A. 为避免调号、重号，会计人员必须在填写凭证的当日同时填写记账凭证编号

    B. 凭证填错时，应在填错凭证上加盖"作废"戳记，并与存根一起保存，不得任意销毁

    C. 从个人取得的原始凭证，必须有填制人员的签名盖章

    D. 中文大写金额以"角"为止的，不能写"整"字

4. 下列各项中，属于原始凭证应当具备的基本内容的有（　　　）。（2018 年真题）

    A. 记账符号　　　　　　　　　B. 交易或事项的内容

    C. 经办人员签名盖章　　　　　D. 填制凭证的日期

错题笔记

错题笔记

5. 下列属于外来原始凭证的有（　　　）。

    A. 购买货物时取得的发票

    B. 对外支付款项时取得的收据

    C. 行政事业性收费票据

    D. 出差取得的车票、住宿发票

三、判断题

1. 一次凭证是指一次填制完成、只记录一笔经济业务的原始凭证，是一次有效的凭证。（　　　）

2. 填制或取得原始凭证送交会计机构的时间最迟不超过一个会计核算期间。（　　　）

3. 自制原始凭证的填制都应由会计人员填写，以保证原始凭证填制的正确性。（　　　）

4. 原始凭证上面可以不用写明填制日期和接收凭证的单位名称。（　　　）

5. 银行存款余额调节表不仅可以核对账目，还可以作为调整银行存款账面余额的原始凭证。（2018 年真题）（　　　）

四、实训题

＜实训一＞

（一）实训目的：练习原始凭证的填制与审核。

（二）实训资料：

1. 德高制造有限责任公司的基本信息

公司地址：德州市德城区蓝政路 477 号

开户银行：中国工商银行德州德城区亿玉路支行

银行账号：3512940062905102417

纳税人识别号：91371402M625936070

电话号码：0534-2557365

2. 德高制造有限责任公司 7 月发生的经济业务

（1）7 月 9 日，开出现金支票从中国工商银行高新区支行提取现金 5 000 元备用。

（2）7 月 12 日，管理人员张敏到北京开会，预借差旅费 6 000 元，出纳以现金支付。

（3）7 月 16 日，生产车间领用甲材料 30 千克，每千克成本为 500 元，用于生产 A 产品。

（4）7 月 22 日，张敏出差返回公司，报销差旅费明细如下。

出差时间：7 月 11 日—7 月 15 日

动车票价：144 元

住宿补贴：290 元/天

伙食补贴：100 元/天

会务费：1 500 元

（三）实训要求：根据德高制造有限责任公司 2020 年 7 月发生的经济业务，填制并审核原始凭证。

1. 现金支票的填制

2. 借款单的填制

借 款 单

年　月　日　　　　　　　第　　号

借款部门		姓名		事由	
借款金额（大写）	万　仟　佰　拾　元　角　分			￥	
部门负责人签署		借款人签章		注意事项	一、凡借用公款必须使用本单 二、出差返回后三天内结算
单位领导批示		财务经理审核意见			

3. 领料单的填制

领 料 单

领料部门：

用　途：　　　　　　　　　年　月　日　　　　　　第　　号

材料			单位	数量		成本	
编号	名称	规格		请领	实发	单价	总价
合计	--	--	--	--	--	--	

部门经理：　　　　　会计：　　　　　仓库：　　　　　经办人：

4. 差旅费报销单和收款收据的填制

差 旅 费 报 销 单

年　月　日　　　　　　单据及附件共　　张

所属部门		姓名		出差事由			
出发	到达	起止地点		交通费	住宿费	伙食费	其他
月　日	月　日						
合计	大写金额：　　　　　￥			预支差旅费		退回金额	
						补付金额	

总经理：　　　财务经理：　　　会计：　　　出纳：　　　部门经理：　　　报销人：

德高制造有限责任公司 收款收据　N̲O̲: 54586466

年 月 日

交款单位或个人						第三联
款项内容				收款方式		
人民币（大写）					¥	记账联
收款单位盖章		收款人签字		经办人		

<实训二>

（一）实训目的：判断原始凭证。

（二）实训资料：德高制造有限责任公司 2020 年 8 月发生以下经济业务。

（1）该公司从宏盛企业购入 B 材料，材料已验收入库，款项未付。

（2）业务人员预借差旅费。

（3）该公司以转账支票方式支付自来水公司水费。

（4）该公司从银行提取现金，以备使用。

（5）月末，分配制造费用。

（三）实训要求：根据以上经济业务内容，写出所需要提供的原始凭证名称。

（四）实训区域

任务三　记账凭证

一、单项选择题

1. 在实际工作中，规模小、业务简单的单位，为了简化会计核算工作，可以使用一种统一格式的（　　）。

　　A. 转账凭证　　　　　　　　　B. 收款凭证

　　C. 付款凭证　　　　　　　　　D. 通用记账凭证

2. 记账凭证是由（　　）编制的。

　　A. 出纳人员　　　　　　　　　B. 经办人员

　　C. 会计人员　　　　　　　　　D. 经办单位

3. 企业销售一批产品，售价为 44 000 元，款项未收。该笔业务应编制的记账凭证是（　　）。

  A. 转账凭证 B. 收款凭证 C. 付款凭证 D. 以上均可

4. 填制记账凭证时，下列各项中不正确的做法是（　　）。

  A. 根据每一张原始凭证填制

  B. 根据若干张同类的原始凭证填制

  C. 根据原始凭证汇总表填制

  D. 将不同内容和类别的原始凭证汇总填制

5. 付款凭证左上角的"贷方科目"可能登记的科目是（　　）。

  A. 应付账款   B. 银行存款

  C. 预付账款   D. 其他应付款

6. 转账凭证是用于记录（　　）的记账凭证。

  A. 库存现金付款业务

  B. 银行存款付款业务

  C. 不涉及库存现金和银行存款的经济业务

  D. 银行存款收款业务

7. 下列各项中，应该填制银行收款凭证的是（　　）。

  A. 出售一批材料，款未收

  B. 报废一台空调，出售残料收到现金

  C. 出租设备，收到一张转账支票

  D. 从银行提取现金

8. 在一笔经济业务中，如果既涉及收款业务，又涉及转账业务，应（　　）。

  A. 编制收款凭证

  B. 编制付款凭证

  C. 编制转账凭证

  D. 同时编制收款凭证和转账凭证

二、多项选择题

1. 记账凭证按其反映经济业务内容的不同，可以分为（　　）。

  A. 一次凭证 B. 付款凭证 C. 收款凭证 D. 转账凭证

2. 下列各项中，属于记账凭证填制要求的内容有（　　）。（2018年真题）

  A. 所有记账凭证都必须附有原始凭证

  B. 记账凭证应连续编号

  C. 记账凭证要内容完整，书写清楚和规范

  D. 填制记账凭证时若发现错误，应当重新填制

3. 记账凭证的填制除做到记录真实、内容完整、填制及时、书写清楚，还必须符合（　　）等要求。

  A. 如有空行，应当在空行处划线注销

  B. 发生错误应该按规定的方法更正

错题笔记

C. 必须连续编号

D. 除另有规定外，应该有附件并注明附件张数

4. 记账凭证必须具备的基本内容有（　　）。

A. 记账凭证的名称　　　　　B. 填制日期和编号

C. 经济业务的内容摘要　　　D. 会计分录

5. 对记账凭证进行审核的要求有（　　）。

A. 内容是否真实　　　　　　B. 书写是否正确

C. 会计科目是否正确　　　　D. 金额是否正确

三、判断题

1. 记账凭证的编制依据是审核无误的原始凭证。　　　　（　　）

2. 从银行提取现金，既可编制现金收款凭证，也可编制银行存款付款凭证。　　　　　　　　　　　　　　　　　　　　　　（　　）

3. 记账凭证和原始凭证填制的要求是相同的。　　　　　（　　）

4. 记账凭证按其填制方式不同分为一次凭证和累计凭证。（　　）

5. 为了便于管理，任何企业都要将记账凭证分为收款凭证、付款凭证和转账凭证三种使用。　　　　　　　　　　　　　　　（　　）

四、实训题

（一）实训目的：训练对收款凭证、付款凭证和转账凭证的职业判断能力以及记账凭证的编制能力。

（二）实训资料：德高制造有限责任公司 2020 年 9 月发生以下经济业务。

（1）9 月 1 日，公司购进一批 A 材料 50 000 元，增值税进项税额为 6 500 元，材料尚未到达，款项已用银行存款支付。

（2）9 月 4 日，厂部王茹因出差赴上海联系业务，向财务部借款 6 000元，公司开出一张现金支票。

（3）9 月 11 日，厂部王茹报销差旅费 5 350 元，并交回多余现金650 元。

（4）9 月 18 日，因生产甲产品领用 A 材料 12 600 元，领用 B 材料4 600 元。

（5）9 月 22 日，公司销售给锦江公司一批乙产品，售价为 40 000元，增值税销项税额为 5 200 元，款项未收。

（6）9 月 27 日，公司用现金购进 2 100 元的办公用品，其中销售部门使用 900 元，厂部行政管理部门使用 1 200 元。

（三）实训要求：根据实训资料，完成以下实训要求。

（1）根据以上经济业务内容，编制会计分录。

（2）判断上述经济业务应分别编制收款凭证、付款凭证还是转账凭证，并编制相应的记账凭证。

（四）实训区域

任务四　会计凭证的传递与保管

一、单项选择题

1. 会计凭证传递的起点是（　　）。
    A. 凭证进行审核的时间
    B. 取得或填制原始凭证的时间
    C. 业务办理开始的时间
    D. 审核批准入账的时间

2. 会计凭证传递的终点是（　　）。
    A. 会计凭证审核完毕时
    B. 原始凭证粘贴于记账凭证上时
    C. 会计凭证归档保管时
    D. 根据会计凭证登记账簿时

3. 下列会计凭证中，保管期满不能销毁的是（　　）。
    A. 重要的物资采购原始凭证　　B. 未结清的债权债务凭证
    C. 银行对账单　　　　　　　　D. 科目汇总表

4. 现金收款凭证、付款凭证的保管年限为（　　）年。
    A. 5　　　　　B. 10　　　　　C. 15　　　　　D. 30

5. 各单位每年形成的会计档案，年度终了后，可暂由（　　）保管一年。
    A. 单位档案机构　　　　　　B. 单位会计部门
    C. 单位人事部门　　　　　　D. 财政部门

二、多项选择题

1. 会计凭证保管的主要要求有（　　）。
    A. 会计凭证应定期装订成册，防止散失
    B. 会计凭证封面要内容完整，项目齐全
    C. 会计凭证应加贴封条，防止抽换凭证
    D. 严格遵守会计凭证的保管期限要求，期满前不得任意销毁

2. 下列各项中，关于会计凭证的保管说法正确的有（　　）。
    A. 会计凭证不得外借，其他单位如有特殊原因确实需要使用的，经会计机构负责人或会计主管批准可以复印

    B. 经单位领导批准，会计凭证可在保管期满前销毁

    C. 会计主管、保管人员应在封面上签章

    D. 会计凭证应定期装订成册，防止散失

3. 确定会计凭证的传递流程应考虑的因素有（　　　）。

    A. 内部机构的设置　　　　　　　B. 经济业务的特点

    C. 经营管理的需要　　　　　　　D. 内部控制制度的要求

4. 会计凭证的传递要做到（　　　）。

    A. 程序合理　　B. 时间节约　　C. 手续严密　　D. 责任明确

5. 其他单位如果因特殊原因需要使用原始凭证时，经本单位负责人批准，下列各项中，正确的有（　　　）。

    A. 可以查阅或复制　　　　　　　B. 可以借阅

    C. 只可以查阅不能复制　　　　　D. 不可以查阅或复制

三、判断题

1. 会计凭证的传递要能够满足企业内部控制制度的要求，使传递程序合理有效，同时尽量节约传递时间，减少传递的工作量。（　　　）

2. 会计凭证的保管是指会计凭证记账后的整理、装订、归档和存查工作。　　　　　　　　　　　　　　　　　　　　　　　　（　　　）

3. 会计凭证的保管期满以后，企业可自行处理。　　　（　　　）

4. 会计凭证的传递是指会计凭证从填制到归档保管整个过程中，在本单位内部各有关会计部门和人员之间的传递程序。（　　　）

5. 从外单位取得的原始凭证遗失时，必须取得原签发单位盖有公章的证明，并注明原始凭证的号码、金额、内容等，由经办单位会计机构负责人、会计主管人员和单位负责人批准后，才能代作原始凭证。

                                         （　　　）

项目六

会计账簿

学习目标 ↓

1. 掌握账簿的概念、账簿的分类。
2. 掌握日记账的登记方法。
3. 掌握总分类账、明细分类账的登记方法。
4. 掌握对账与结账的方法。
5. 掌握错账更正的方法。
6. 掌握账簿的更换和保管要求。

重点与难点 ↓

重点：总分类账、明细分类账的登记方法。
难点：错账更正的方法。

知识点回顾 ↓

一、会计账簿认知

账簿是由一定格式且相互联系的账页所组成的，是根据会计凭证序时地、分类地记录和反映各项经济业务的会计簿籍。账簿按其用途分类，可分为序时账簿、分类账簿和备查账簿三类；按其外表形式分类，可分为订本式账簿、活页式账簿和卡片式账簿三类。

二、登记日记账簿

序时账簿是按时间先后顺序，逐日逐笔登记的账簿。各单位都必须设置现金日记账和银行存款日记账。

三、总分类账与明细分类账的平行登记

分类账簿是对各项经济业务按照账户进行分类登记的账簿，任何单位都应设置总分类账，并在总分类账的基础上，根据经营管理的需要，设置必要的明细分类账，总分类账和明细分类账采用平行登记的方法。

四、对账与结账

对账包括账证核对、账账核对和账实核对。结账前应先做好准备工作，在月份、季度和年度终了时进行，一般采用划线结账法。

五、错账更正方法

错账更正方法一般有划线更正法、红字更正法、补充登记法。

六、会计账簿的更换与保管

会计账簿的更换通常在新会计年度建账时进行。总分类账、日记账和多数明细分类账每年更换一次。备查账簿可以连续使用。

各种账簿要分工明确，指定专人管理，账簿经管人员既要负责记账、对账、结账等工作，又要负责保证账簿安全。年度终了，各种账户在结转下年，建立新账后，一般都要把旧账交给总账会计集中统一管理。

职业能力训练

任务一　会计账簿认知

一、单项选择题

1. 活页式账簿一般用于（　　　）。

　A. 日记账　　　B. 总分类账　　　C. 明细分类账　D. 备查账簿

2. 账簿按外表形式分类，不包括的是（　　　）。

　A. 订本式账簿　　　　　　　　B. 日记账簿

　C. 活页式账簿　　　　　　　　D. 卡片式账簿

3. 租入固定资产登记簿属于（　　　）。

　A. 订本式账簿　B. 序时账簿　　C. 明细分类账　D. 备查账簿

4. 原材料明细分类账应采用的账页格式为（　　　）。

　A. 三栏式　　　　　　　　　　B. 数量金额式

　C. 专用多栏式　　　　　　　　D. 普通多栏式

5. 下列各项中，通常不采用三栏式或多栏式账页格式的账簿是（　　　）。

　A. 应付账款明细分类账　　　　B. 银行存款日记账

　C. 销售费用明细分类账　　　　D. 库存商品明细分类账

6. 下列各项中，关于损益类账户的相关说法不正确的是（　　　）。

　A. 损益类账户分为费用类账户和收入类账户

　B. 费用类账户与收入类账户记录增加的方向一致

　C. 收入类账户借方登记减少额，贷方登记增加额

　D. 费用类账户借方登记增加额，贷方登记减少额

7. 下列各项中，关于会计账簿分类的说法正确的是（　　）。

　　A. 按照用途不同，会计账簿可以分为序时账簿和卡片式账簿

　　B. 按照账页格式不同，会计账簿主要分为三栏式账簿、多栏式账簿、数量金额式账簿

　　C. 固定资产卡片式账簿是按照用途不同划分的

　　D. 订本式账簿和活页式账簿的划分依据不一致

8. 下列各项中，关于会计账簿的说法不正确的是（　　）。

　　A. 由一定格式的账页组成

　　B. 以经过审核的原始凭证为依据，全面、系统、连续地记录各项经济业务

　　C. 各单位应该按照国家统一的会计制度的规定和会计业务的需要设置会计账簿

　　D. 设置和登记账簿是连接会计凭证与财务报表的中间环节

9. 按照明细分类账分类登记经济业务事项的账簿是（　　）。

　　A. 总分类账　　　　　　　　B. 明细分类账

　　C. 普通日记账　　　　　　　D. 特种日记账

10. 新会计年度开始并启用新账时，可以继续使用不必更换新账的是（　　）。

　　A. 总分类账　　　　　　　　B. 银行存款日记账

　　C. 固定资产卡片　　　　　　D. 管理费用明细账

11. （　　）时，应在账簿封面上写明单位名称和账簿名称，并在账簿扉页附上启用表。

　　A. 启用会计账簿　　　　　　B. 装订成册时

　　C. 年初　　　　　　　　　　D. 年末

二、多项选择题

1. 账簿按账页格式分类，可分为（　　）。

　　A. 三栏式账簿　　　　　　　B. 数量金额式账簿

　　C. 多栏式账簿　　　　　　　D. 序时账簿

2. 账簿按用途分类，可分为（　　）。

　　A. 订本式账簿　　　　　　　B. 备查账簿

　　C. 序时账簿　　　　　　　　D. 分类账簿

3. 下列各项中，符合会计账簿登记要求的有（　　）。

　　A. 登记完毕后，在会计账簿上签名盖章

　　B. 红墨水可在不设借贷等栏的多栏式账页中，登记减少数

　　C. 账簿记录发生错误，不得刮擦、挖补或用褪色药水更改字迹

　　D. 通常使用圆珠笔书写

4. 下列各项中，采用三栏式账簿有（　　）。

　　A. 日记账　　　　　　　　　B. 费用明细分类账

　　C. 总分类账　　　　　　　　D. 固定资产明细分类账

错题笔记

5. （　　）属于登记账簿的要求。

A. 账簿书写的文字和数字上面要留适当空距，一般应占方格长度的二分之一

B. 登记账簿要用圆珠笔、蓝黑或黑色墨水书写

C. 不得用铅笔书写

D. 各种账簿按页次顺序连续登记，不得跳行、隔页

6. 企业需要设置的账簿有（　　）。

A. 普通日记账　　　　　　　　B. 总分类账

C. 银行存款日记账　　　　　　D. 明细分类账

7. 下列各项中，关于订本式账簿的表述正确的有（　　）。

A. 订本式账簿是指在账簿启用前，就将若干账页固定装订成册的账簿

B. 同一账簿在同一时间能由多人记载，便于记账人员分工记账

C. 订本式账簿一般适用于总分类账、现金日记账和银行存款日记账

D. 使用订本式账簿的优点是可以防止账页被抽换，避免账页散失

三、判断题

1. 现金、银行存款日记账应采用订本式账簿。 （　　）

2. 账簿是企业设置的全部账户的总称。 （　　）

3. 备查账簿和序时账簿、分类账簿一样，是企业必须设置的。

（　　）

4. 各种账簿都要直接根据记账凭证登记。 （　　）

5. 账簿记录发生错误时，不得刮擦、挖补，但可以在领导同意的情况下进行涂改。 （　　）

6. 登记账簿时一般用蓝黑或碳素墨水满格书写。 （　　）

7. 现金日记账是用来核算和监督现金每天的收入、支出和结存情况的账簿，企业必须设置三栏式或多栏式现金日记账，且必须使用订本式账簿。 （　　）

8. 审核无误的原始凭证是登记账簿的直接依据。 （　　）

任务二　登记日记账簿

一、单项选择题

1. 登记账簿的依据是（　　）。

A. 经济业务　　B. 原始凭证　　C. 记账凭证　　D. 资金运动

2. 现金日记账必须采用（　　）。

A. 活页式账簿　　　　　　　　B. 多栏式账簿

C. 订本式账簿　　　　　　　　D. 卡片式账簿

3. 银行存款日记账的借方除了根据银行存款收款凭证登记外，有时还要根据（　　）登记。

    A. 银行存款付款凭证　　　　B. 现金收款凭证

    C. 现金付款凭证　　　　　　D. 转账凭证

4. 从银行提取现金经济业务中，现金的收入数，应根据（　　）。

    A. 银行存款收款凭证登记银行存款日记账

    B. 银行存款付款凭证登记银行存款日记账

    C. 库存现金收款凭证登记银行存款日记账

    D. 库存现金付款凭证登记银行存款日记账

二、多项选择题

1. 登记现金日记账的依据有（　　）。

    A. 现金收款凭证　　　　　　B. 现金付款凭证

    C. 银行存款收款凭证　　　　D. 银行存款付款凭证

2. 下列各项中，关于现金日记账的具体登记方法，表述正确的有（　　）。

    A. 日期栏是指记账凭证的日期，应与现金实际的收、付日期一致

    B. 凭证栏是指登记入账的收款、付款凭证种类和编号

    C. 对方科目栏是指现金收入的来源科目或支出的用途科目

    D. 收入栏、支出栏是指现金实际收、付的金额

3. 下列各项中，可以作为银行存款日记账借方登记的依据的有（　　）。

    A. 现金收款凭证　　　　　　B. 现金付款凭证

    C. 银行存款收款凭证　　　　D. 银行存款付款凭证

三、判断题

1. 序时账簿也称日记账簿，它是按经济业务发生或完成时间的先后顺序逐日逐笔登记经济业务的账簿。　　　　　　　　　　（　　）

2. 银行存款日记账可按时间间隔合并登记。　　　　　　　（　　）

四、实训题

（一）实训目的：练习登记银行存款日记账。

（二）实训资料：德高制造有限公司 2019 年 1 月发生下列经济业务。

（1）1 日，银行存款日记账期初余额为 400 000 元。

（2）2 日，开出现金支票一张，金额为 5 000 元，用于办公室零星开支备用。

（3）3 日，支付邮电费 10 000 元，以银行存款付讫。

（4）4 日，销售一批产品，价款为 50 000 元，增值税税率为 13%，款项尚未收到。

（5）5 日，购买一批材料，价款为 25 000 元，增值税税率为 13%，材料已入库，款项已用银行存款付讫。

（6）7日，上述货款已收到并存入银行。

（7）8日，用银行存款支付上月水电费。

（8）20日，从银行存款账户中支付广告费10 000元。

（三）实训要求：根据上述资料，运用借贷记账法编制会计分录，并逐笔登记银行存款日记账。

（四）实训耗材：空白银行存款日记账一张。

（五）实训区域

任务三　总分类账与明细分类账的平行登记

一、单项选择题

1. 生产成本明细分类账采用（　　）账页。

  A. 三栏式　　　　　　　　　　B. 数量金额式

  C. 专用多栏式　　　　　　　　D. 普通多栏式

2. 甲公司"应收账款"总分类账下设"X公司"和"Y公司"两个明细分类账，"应收账款"总分类账余额为500 000元，"X公司"明细分类账余额为300 000元，总分类账和所属明细分类账账户余额方向均一致，则"Y公司"明细分类账的余额为（　　）元。

  A. 800 000　　B. 200 000　　C. 300 000　　D. 500 000

3. 下列各项中，关于登记总分类账的做法不正确的是（　　）。

  A. 总分类账可以根据原始凭证逐笔登记

  B. 总分类账可以根据科目汇总表或汇总记账凭证登记

  C. 经济业务少的小型单位的总分类账，可以根据记账凭证逐笔登记

  D. 总分类账的登记方法因登记依据的不同而不同

4. 记账凭证核算程序登记总分类账的依据为（　　）。

  A. 记账凭证　　　　　　　　　B. 科目汇总表

  C. 原始凭证　　　　　　　　　D. 汇总记账凭证

二、多项选择题

1. 以下明细分类账应采用三栏式账页格式的有（　　）。

  A. 应收账款　　　　　　　　　B. 应付利息

  C. 生产成本　　　　　　　　　D. 主营业务收入

2. 以下明细分类账应采用数量金额式账页格式的是（　　　）。

    A. 原材料　　　B. 固定资产　　C. 库存商品

    D. 在途物资　　E. 生产成本

3. 下列各项中，关于明细分类账的账页格式表述正确的有（　　　）。

    A. 三栏式账页适用于进行金额核算的资本、债权、债务明细分类账

    B. 多栏式账页适用于收入、成本、费用明细分类账

    C. 多栏式账页是将属于同一个总账科目的各个明细科目合并在一张账页上进行登记

    D. 数量金额式账页适用于既要进行金额核算又要进行数量核算的存货明细分类账

4. 下列各项中，适用数量金额式明细分类账的项目有（　　　）。

    A. 制造费用　　B. 周转材料　　C. 库存商品　　D. 在途物资

5. 明细分类账的账页格式有三栏式、多栏式和数量金额式，相应地各适用于（　　　）。

    A. 债权债务明细分类账

    B. 卡片式明细分类账

    C. 收入、费用成本类明细分类账

    D. 活页式明细分类账

    E. 材料物资类明细分类账

6. 总分类账一般采用（　　　）。

    A. 订本式账簿　　　　　　　　B. 活页式账簿

    C. 三栏式账簿　　　　　　　　D. 多栏式账簿

7. 下列各项中，必须逐日逐笔登记明细分类账的有（　　　）。

    A. 固定资产　　B. 应收票据　　C. 应付账款　　D. 原材料

三、判断题

1. 分类账簿是对各项经济业务按账户进行分类登记的账簿。（　　　）

2. 分类账包括总分类账和明细分类账。　　　　　　　　（　　　）

3. 总分类账和明细分类账必须同时登记。　　　　　　　（　　　）

4. 根据总分类账与明细分类账的平行登记要求，每一笔经济业务必须在同一天登记。　　　　　　　　　　　　　　　　（　　　）

5. 根据总分类账与明细分类账的平行登记关系，可以检查总分类账与明细分类账的记录是否正确。　　　　　　　　　　　（　　　）

四、实训题

（一）实训目的：练习总分类账和明细分类账的平行登记。

（二）实训资料：德高制造有限公司 2020 年 8 月"原材料"和"应付账款"两个总分类账和所属各明细分类账的月初余额如下。

"原材料"总分类账月初余额为 34 800 元，其所属明细分类账的月初余额如表 6-1 所示。

错题笔记

表 6-1 明细分类账的月初余额

名称	数量	单价	金额
甲材料	1 800 千克	16 元/千克	28 800 元
乙材料	600 千克	10 元/千克	6 000 元
合计			34 800 元

"应付账款"总分类账贷方余额为 40 000 元,其所属明细分类账余额为:德临公司贷方余额为 30 000 元,德陵公司贷方余额为 10 000 元。

假设本月发生的材料收发业务与供应单位的结算业务如下。

(1)8 月 3 日,仓库发出甲材料 800 千克,单价为 16 元/千克,共计 12 800 元;乙材料 200 千克,单价为 10 元/千克,共计 2 000 元,总计 14 800 元。上述材料直接用于产品生产。

(2)8 月 8 日,向德临公司购入甲材料 1 000 千克,单价为 16 元/千克,材料已验收入库,货款未付。

(3)8 月 14 日,向德陵公司购入乙材料 400 千克,单价为 10 元/千克,共计 4 000 元,材料已验收入库,货款未付。

(4)8 月 25 日,通过银行结算偿还德临公司 40 000 元,德陵公司 5 000 元,共计 45 000 元。

(三)实训要求:根据上述资料,编制会计分录,并采用平行登记法登记"原材料"和"应付账款"总分类账及其所属明细分类账。

(四)实训耗材:三栏式及数量金额式明细分类账账页。

(五)实训区域

任务四　对账与结账

一、单项选择题

1. 下列属于账证核对内容的是(　　)。

　　A. 会计账簿记录与记账凭证核对

　　B. 总分类账与所属明细分类账核对

　　C. 原始凭证与记账凭证核对

　　D. 银行存款日记账与银行对账单核对

2. 企业结账的时间应为(　　)。

　　A. 每项经济业务登记账簿后　　B. 每日终了时

C. 一定时期终了时　　　　　　D. 财务报表编制后

3. 出纳人员每日结束工作时，将实际清点的库存现金数与现金日记账的账面余额进行核对，该行为属于（　　　）。

　　A. 账账核对　　B. 账证核对　　C. 账表核对　　D. 账实核对

二、多项选择题

1. 在账簿中红笔可用于（　　　）。

　　A. 按照红字冲账的记账凭证，冲销错误记录

　　B. 在不分借贷方向的多栏式账页中，登记减少数

　　C. 在余额栏前未设借贷方向时，用以登记反向余额

　　D. 结账划线

2. 下列各项中，属于账证核对的有（　　　）。

　　A. 日记账与收款凭证、付款凭证相核对

　　B. 总分类账与记账凭证相核对

　　C. 明细分类账与记账凭证或原始凭证相核对

　　D. 总分类账与明细分类账相核对

3. 结账是一项将账簿记录定期结算清楚的账务工作。在一定时期结束，为了编制财务报表，需要进行结账，具体包括（　　　）。

　　A. 月结　　　　　B. 季结　　　　C. 年结　　　　D. 半月结

4. 对账的内容包括（　　　）。

　　A. 账证核对　　B. 账账核对　　C. 账实核对　　D. 账表核对

5. 结账工作主要内容包括（　　　）。

　　A. 核对有关账目

　　B. 将本期发生的经济业务全部登记入账

　　C. 按权责发生制原则调整和结转有关账项

　　D. 对有关业务核算中出现的差错予以更正

6. 对账的意义在于（　　　）。

　　A. 为了保证各种账簿记录的完整性和正确性

　　B. 如实反映和监督企业经济活动的状况

　　C. 确保账证相符、账账相符、账实相符

　　D. 为编制财务报表提供真实可靠的资料

三、判断题

1. 资产类账户和负债类账户一般都有期末余额，而资产类账户由于增加额记借方，所以期末余额的方向与记录增加的方向一致，而负债类账户由于增加额记贷方，所以期末余额的方向与记录增加的方向相反。　　　　　　　　　　　　　　　　　　　　　　　（　　　）

2. 试算平衡具有局限性，不能发现记账过程中全部的错误和遗漏。
　　　　　　　　　　　　　　　　　　　　　　　　　　　　（　　　）

3. 结账是在月终把某一月份发生的经济业务全部登记入账，并计算和记录本期发生额和期末余额。　　　　　　　　　　　（　　　）

4. 需要结计本年累计发生额的某些明细分类账，全年累计发生额下划通栏单红线。　　　　　　　　　　　　　　　　　（　　　）

5. 账实核对是通过财产清查的方法进行的。　　　　　　　　（　　　）

6. 账账核对是核对不同会计账簿之间的账簿记录是否相符。

（　　　）

7. 库存现金日记账余额与库存现金总分类账余额的核对属于账账核对。　　　　　　　　　　　　　　　　　　　　　　　（　　　）

8. 银行存款日记账和银行对账单都正确时，两者的余额仍然可能不一致，该问题是由账证不一致导致的。　　　　　　　　（　　　）

任务五　错账更正方法

一、单项选择题

1. 某企业结账前发现账簿记录中有一笔金额为 3 457 元的销售业务收入误记为 3 475 元，相关的记账凭证没有错误。下列各项中，该企业应采用的正确的错账更正方法是（　　　）。（2018 年真题）

    A. 补充登记法   B. 划线更正法

    C. 更正账页法   D. 红字更正法

2. 登记现金日记账时，误将记账凭证中的"200"元抄写成"2 000"元，应采用（　　　）更正。

    A. 划线更正法   B. 红字更正法

    C. 补充登记法   D. 蓝字更正法

3. 下列各项中，能采用划线更正法更正的是（　　　）。

    A. 记账凭证上会计科目或记账方向正确，所记金额小于应记金额，导致账簿记录错误

    B. 记账凭证上会计科目或记账方向正确，所记金额大于应记金额，导致账簿记录错误

    C. 记账凭证上会计科目或记账方向错误，导致账簿记录错误

    D. 记账凭证正确，在记账时发生错误，导致账簿记录错误

4. 对"开出现金支票支付机器设备修理费 51 000 元"这项业务，若发生记账错误，下列各项中正确的是（　　　）。

    A. 若编制记账凭证时无误，账簿记录中将"51 000"元误记为"15 000"元，应采用补充登记法予以更正

    B. 若编制记账凭证时将"51 000"元误记为"510 000"元，会计科目正确，且已登记入账，应采用划线更正法予以更正

    C. 若编制记账凭证时将贷方科目记为"库存现金"，金额记为"15 000"元，且已登记入账，应采用补充登记法予以更正

    D. 若编制记账凭证时将借方科目记为"生产成本"，且已登记入账，应采用红字更正法予以更正

二、多项选择题

1. 账簿记录发生错误时，不得（　　　）。

A. 挖补刮擦更改　　　　　　B. 随意涂改更正

C. 用退色药水更改　　　　　D. 用补充登记法更改

2. 红色墨水可以用来（　　　）。

A. 登记账簿　　　　　　　　B. 冲销账簿记录

C. 改错　　　　　　　　　　D. 结账划线

3. 错账更正的方法一般有（　　　）。

A. 平行登记法　　　　　　　B. 划线更正法

C. 红字更正法　　　　　　　D. 补充登记法

4. 关于划线更正法，表述正确的是（　　　）。

A. 更正时，可在错误的文字或只是错误的数字上划一条红线

B. 在红线的上方填写正确的文字或数字，并由记账及相关人员在更正处签字盖章

C. 对于错误的数字，可只更正其中错误的数字

D. 对于文字错误，可只划去错误的部分

三、判断题

1. 在结账前，企业会计人员发现账簿记录有文字错误，而记账凭证没有错误，应当采用划线更正法进行更正。（2019 年真题）（　　　）

2. 登记入账后，如果发现记账凭证中的应借、应贷会计科目或金额有错误可采用红字更正法予以更正。（　　　）

3. 登记入账后，如果发现记账凭证和账簿中所记金额小于应记的正确金额，而原记账凭证中应借、应贷的会计科目并无错误，可采用补充登记法予以更正。（　　　）

四、实训题

（一）实训目的：练习错账更正的方法。

（二）实训资料：（假定下列错误都在登记账簿以后发现）

1. 以现金 300 元支付车间零星修理费，编制会计分录如下。

借：制造费用　　　　　　　　　　　　　　　　　　300

　　贷：库存现金　　　　　　　　　　　　　　　　　　300

登账时借方误记入"生产成本"账户。

2. 以银行存款 1 780 元购买材料，并已验收入库，编制会计分录如下，并已登记入账。

借：原材料　　　　　　　　　　　　　　　　　　1 870

　　贷：银行存款　　　　　　　　　　　　　　　　　1 870

3. 本月生产产品领用材料 34 800 元，编制会计分录如下。

借：生产成本　　　　　　　　　　　　　　　　38 400

　　贷：原材料　　　　　　　　　　　　　　　　　38 400

4. 本月应计提车间固定资产折旧 10 000 元，编制会计分录如下。

借：生产成本   1 000

     贷：累计折旧   1 000

5. 以现金 301 元购买文具用品，编制会计分录如下。

借：管理费用   301

     贷：库存现金   301

登账时误记为 310 元。

（三）实训要求：根据以上资料，按规定的错账更正方法进行更正。

（四）实训区域

任务六　会计账簿的更换与保管

一、单项选择题

1. 会计账簿的更换通常在（　　）进行。

    A. 年中   B. 年末结账前

    C. 新会计年度建账时   D. 更换会计主管时

2. 年度终了，各种账户在结转下年并建立新账后，一般都要把旧账交给（　　）集中统一管理。

    A. 单位档案室   B. 单位办公室

    C. 总账会计   D. 会计科长

二、多项选择题

1. 账簿启用和经管人员一览表应载明的事项有（　　）。

    A. 启用日期   B. 银行存款日记账

    C. 经管人员的姓名   D. 加盖公章

2. 每年需要更换新账的有（　　）。

    A. 日记账   B. 明细分类账

    C. 总分类账   D. 备查账

三、判断题

1. 会计账簿作为重要的经济档案，因保存期长，必须使用蓝色或黑色的笔书写。企业的序时账簿和分类账簿必须采用订本式账簿。

（　　）

2. 任何单位在完成经济业务手续和记账后，必须将会计凭证按规定的立卷归档制度形成会计档案资料，妥善保管，防止丢失，不得任意销毁，以便日后随时查阅。 （　　）

3. 各单位在更换旧账簿，启用新账簿时，应当填制账簿启用表。

（　　）

项目七

财产清查

学习目标 ↓

1. 掌握库存现金、银行存款、应收款项、实物资产的清查方法。
2. 掌握财产清查结果处理的步骤与账务处理。
3. 能进行银行存款对账工作、能编制银行存款余额调节表。

重点与难点 ↓

重点：财产清查方法、财产盘亏盘盈的业务处理。
难点：银行存款余额调节表的编制、财产盘亏盘盈的业务处理。

知识点回顾 ↓

财产清查是指通过对货币资金、实物资产和往来款项的盘点或核对，确定其实存数，查明账存数与实存数是否相符的一种方法。按照财产清查的范围，分为全面清查和局部清查；按照财产清查的时间，分为定期清查和不定期清查，定期清查和不定期清查既可以是全面清查又可以是局部清查；按照财产清查的系统，分为内部清查和外部清查。

库存现金的清查采用实地盘点法，银行存款的清查是通过与开户银行转来的对账单进行核对的方法，实物资产的清查常用的方法包括实地盘点法、技术推算法和抽样盘点法，往来款项的清查一般采用发函询证法。

财产清查结束后，企业根据清查结果报告表、盘点表等已经查实的数据资料，编制记账凭证，并记入有关账簿，使账簿记录与实际盘存数相符。经过批准之后，再按照相关的规定进一步进行账务处理。

为了反映财产清查的盘盈和盘亏情况，企业会计应设置"待处理财产损溢"账户，借方登记财产的盘亏、毁损数额以及盘盈的转销数字，贷方登记财产的盘盈数额以及盘亏的转销数，如果月末为借方余额，表示尚未处理的财产物资的净损失数，如果月末为贷方余额，表示尚未处理的各项财产物资的净溢余数字。

"待处理财产损溢"账户一般下设"待处理流动资产损溢"和"待处理固定资产损溢"两个明细分类账。

职业能力训练

一、单项选择题

1. 企业对无法查明原因的现金溢余，经批准后应转入（　　）科目。

    A. 主营业务收入   B. 其他业务收入

    C. 管理费用   D. 营业外收入

2. 对于银行已入账而企业未入账的未达账项，企业应当（　　）。

    A. 根据"银行对账单"入账

    B. 根据"银行存款余额调节表"入账

    C. 根据对账单和调节表自制凭证入账

    D. 待有关结算凭证到达后入账

3. 企业发生原材料盘亏或毁损时，不应作为管理费用列支的有（　　）。

    A. 自然灾害造成的毁损

    B. 保管中发生的定额内自然损耗

    C. 收发计量发生的盘亏损失

    D. 管理不善造成的盘亏损失

4. 某企业因管理不善引发火灾，盘亏一批材料，价值为 10 000 元，该批材料的进项税额为 1 300 元。收到各种赔偿款 5 000 元，残料入库价值为 300 元。报经批准后，应计入营业外支出的金额为（　　）元。

    A. 6 300   B. 5 000   C. 4 700   D. 6 000

5. 有些应付账款由于债权单位撤销或其他原因，使企业无法支付这笔应付款项，这笔无法支付的应付款项，应作为（　　）处理。

    A. 其他业务收入   B. 营业外收入

    C. 资本公积   D. 冲减管理费用

6. 某企业在遭受洪灾后，对其受损的财产物资进行的清查属于（　　）。

    A. 局部清查和定期清查   B. 全面清查和定期清查

    C. 局部清查和不定期清查   D. 全面清查和不定期清查

7. 下列各项中，可以采用技术推算法进行清查的是（　　）。

    A. 煤炭   B. 银行存款   C. 固定资产   D. 应收账款

8. 某公司 2018 年 9 月 30 日银行存款日记账的余额为 100 万元，经逐笔核对，未达账项如下：银行已收，企业未收的 10 万元；银行已付，企业未付的 5 万元。调整后的企业银行存款余额应为（　　）万元。

    A. 110   B. 155   C. 115   D. 105

9. 企业现金清查中，经检查仍无法查明原因的现金短缺，经批准后应记入（　　）科目。

    A. 其他业务成本　　　　　　　B. 财务费用

    C. 管理费用　　　　　　　　　D. 营业外支出

10. 编制银行存款余额调节表时，下列各项中，会导致企业银行存款日记账的账面余额大于银行对账单余额的是（　　）。

    A. 企业开出支票，银行尚未支付

    B. 企业购入一批原材料，以银行本票结算

    C. 银行代收款项，企业尚未接到收款通知

    D. 企业车辆违章被罚款 200 元，银行已经扣款，但企业未接到扣款通知

11. 某企业因自然灾害毁损一批材料，购进时支付价款 10 000 元，该批材料的进项税额为 1 300 元。收到保险公司赔款 1 500 元，残料入库价值为 500 元。不考虑其他因素，该事项中应计入营业外支出的金额为（　　）元。

    A. 8 700　　　　B. 8 200　　　　C. 8 000　　　　D. 9 300

12. 下列各项中，关于固定资产清查，说法正确的是（　　）。

    A. 盘盈的固定资产应作为营业外收入处理

    B. 盘盈的固定资产应按原价确定入账价值

    C. 盘盈的固定资产应通过"以前年度损益调整"科目进行核算

    D. 盘亏的固定资产应通过"以前年度损益调整"科目进行核算

13. 往来款项清查采用的方法一般是（　　）。

    A. 技术推算法　　　　　　　　B. 账目核对法

    C. 实地盘存法　　　　　　　　D. 发函询证法

14. 银行存款清查常用的方法是（　　）。

    A. 技术推算法　　　　　　　　B. 账目核对法

    C. 实地盘存法　　　　　　　　D. 发函询证法

15. 库存现金清查常用的方法是（　　）。

    A. 技术推算法　　　　　　　　B. 账目核对法

    C. 实地盘存法　　　　　　　　D. 发函询证法

16. 企业在编制年度报告时进行的财产清查应该是（　　）。

    A. 全面清查　　　　　　　　　B. 局部清查

    C. 重点清查　　　　　　　　　D. 不定期清查

17. 在存货清查过程中，由于计量收发误差导致的盘亏，由企业承担的亏损部分应该记入（　　）科目。

    A. 营业外支出　　　　　　　　B. 其他业务成本

    C. 管理费用　　　　　　　　　D. 主营业务成本

18. 企业进行财产清查时，发现账实不符，下列会计处理中正确的是（　　）。

    A. 直接做损益处理　　　　　　B. 先调整账面结存数

C. 不做任何调整　　　　　　　D. 按账面数调整实存数

19. 企业收到一张支票，尚未送存银行，该账项属于下列哪种未达账项（　　）。

　　A. 银行已收，企业未收　　　B. 银行已付，企业未付

　　C. 企业已收，银行未收　　　D. 企业已付，银行未付

20. 下列各项中，企业不需要对财产进行全面清查的是（　　）。

　　A. 年终决算前　　　　　　　B. 股份制改制前

　　C. 企业破产清算　　　　　　D. 出纳离职

21. 某企业核算批准后的存货毁损净损失，应当计入管理费用的是（　　）。（2016 年初级真题）

　　A. 由自然灾害造成的损失　　B. 应由保险公司赔偿的损失

　　C. 应由责任人赔偿的损失　　D. 管理不善造成的损失

22. 现金盘点时，发现现金短缺，且无法查明原因。经批准后应计入（　　）。（2016 年初级真题）

　　A. 营业外支出　　　　　　　B. 财务费用

　　C. 管理费用　　　　　　　　D. 其他业务成本

23. 结转确实无法支付的应付账款，账面余额计入（　　）。（2016 年初级真题）

　　A. 管理费用　　　　　　　　B. 财务费用

　　C. 其他业务收入　　　　　　D. 营业外收入

24. 某增值税一般纳税人企业因暴雨导致的水灾毁损库存一批原材料，其成本为 200 万元，增值税额为 34 万元；收回残料价值 8 万元，收到保险公司赔偿款 112 万元。假定不考虑其他因素，经批准企业确认该材料毁损净损失的会计分录是（　　）。（2011 年初级真题）

　　A. 借：营业外支出　　　　　　　　　　　　114
　　　　　贷：待处理财产损溢　　　　　　　　　　　114

　　B. 借：管理费用　　　　　　　　　　　　　114
　　　　　贷：待处理财产损溢　　　　　　　　　　　114

　　C. 借：营业外支出　　　　　　　　　　　　80
　　　　　贷：待处理财产损溢　　　　　　　　　　　80

　　D. 借：管理费用　　　　　　　　　　　　　80
　　　　　贷：待处理财产损溢　　　　　　　　　　　80

25. 企业在现金清查中发现有待查明原因的现金短缺或溢余，已按管理权限批准，下列各项中，有关会计处理不正确的是（　　）。（2015 年初级真题）

　　A. 属于无法查明原因的现金溢余，应借记“待处理财产损溢”科目，贷记“营业外收入”科目

　　B. 属于应由保险公司赔偿的现金短缺，应借记“其他应收款”科目，贷记“待处理财产损溢”科目

错题笔记

错题笔记

C. 属于应支付给有关单位的现金溢余，应借记"待处理财产损溢"科目，贷记"其他应付款"科目

D. 属于无法查明原因的现金短缺，应借记"营业外支出"科目，贷记"待处理财产损溢"科目

26. 2014年9月30日，某企业银行存款日记账账面余额为216万元，收到银行对账单的余额为212.3万元。经逐笔核对，该企业存在以下记账差错及未达账项，从银行提取现金6.9万元，会计人员误记为9.6万元；银行为企业代付电话费6.4万元，但企业未接到银行付款通知，尚未入账。9月30日调节后的银行存款余额为（ ）万元。（2015年初级真题）

    A. 212.3   B. 225.1   C. 205.9   D. 218.7

27. 下列各项中，企业无法查明原因的现金短款，经批准应借记的会计科目是（ ）。（2018年初级真题）

    A. 其他应收款   B. 财务费用

    C. 营业外支出   D. 管理费用

28. 在下列各项中，会导致企业银行存款日记账余额大于银行对账单余额的是（ ）。（2019年初级真题）

    A. 企业开具支票，对方未到银行兑现

    B. 银行误将其他公司的存款计入本企业银行存款账户

    C. 银行代收货款，企业尚未接到收款通知

    D. 企业收到购货方转账支票一张，送存银行，银行尚未入账

29. 下列各项中，影响营业利润的是（ ）。（2020年初级真题）

    A. 税收罚款支出

    B. 确认的所得税费用

    C. 接受现金捐赠

    D. 管理不善造成的库存现金短缺

二、多项选择题

1. 银行存款日记账余额与银行对账单余额不一致时，造成该情况的原因有（ ）。

    A. 银行工作人员记账有误或企业会计人员记账有误

    B. 企业与银行都未记账

    C. 销售产品银行已记收款，企业尚未记账

    D. 企业开出转账支票已记账，但持票人尚未到银行办理转账

2. 下列各项中，关于全面清查的说法正确的有（ ）。

    A. 年终决算前，为了确保年终决算会计资料真实、正确，需进行一次全面清查

    B. 单位在撤销、合并或改变隶属关系前，需进行全面清查

    C. 清产核资前，需要进行全面清查

    D. 单位主要领导调离工作前，需要进行全面清查

3. 按财产清查的时间不同，可将财产清查分为（　　）。

A. 定期清查　　B. 不定期清查　C. 局部清查　　D. 全面清查

4. 下列各项中，关于库存现金清查的说法不正确的有（　　）。

A. 库存现金只需要定期清查

B. 库存现金清查时出纳人员应该回避

C. 库存现金清查时出纳人员必须在场

D. 现金清查后，如果存在账实不符也不得调整库存现金日记账

5. 对于现金短缺，企业在进行会计处理时，可能涉及的科目有（　　）。

A. 管理费用　　　　　　　　B. 其他应收款

C. 待处理财产损溢　　　　　D. 营业外支出

6. 关于存货清查，下列各项中正确的有（　　）。

A. 盘盈的存货净收益一般应计入营业外收入

B. 存货盘盈或盘亏均应通过"待处理财产损溢"科目核算

C. 管理不善造成存货盘亏的净损失应计入管理费用

D. 自然灾害造成的存货盘亏净损失应计入营业外支出

7. 下列各项中，可以采用实地盘点法进行清查的是（　　）。

A. 原材料　　B. 库存商品　　C. 库存现金　　D. 银行存款

8. 下列各项中，企业盘亏的库存商品按管理权限报经批准后，正确的会计处理有（　　）。

A. 应由保险公司和过失人承担的赔款，记入"其他应收款"科目

B. 入库的残料价值，记入"原材料"科目

C. 盘亏库存商品净损失中，属于一般经营损失的部分，记入"管理费用"科目

D. 盘亏库存商品净损失中，属于非常损失的部分，记入"营业外支出"科目

9. 下列各项中，属于财产清查对象的有（　　）。

A. 库存现金　　B. 银行存款　　C. 应收账款　　D. 固定资产

10. 下列各项中，企业应当进行财产清查的财产物资有（　　）。

A. 仓库中堆放的库存商品

B. 企业购入的，已经入库的原材料

C. 企业购入的，但未入库的在途物资

D. 企业正在使用的机器设备

三、判断题

1. 银行存款余额调节表是企业调整银行存款余额的原始凭证。

（　　）

2. 企业对有确凿证据表明确实无法收回的应收款项，报经主管财政部门批准后作为坏账损失处理。　　　　　　　　（　　）

错题笔记

3. 对于财产清查结果应该根据审批意见进行差异处理，但不得调整账项。（　　）

4. 在企业撤销或合并时，要对企业的部分财产进行重点清查。（　　）

5. 企业对于已记入"待处理财产损溢"科目的存货盘亏及毁损事项进行会计处理时，对于自然灾害造成的存货净损失，应计入管理费用。（　　）

6. 财产清查过程中，若发现盘盈或盘亏，应及时调整账面记录以保证账实相符。（　　）

7. 银行存款余额表编制完成后，可以作为调节企业银行日记账余额的原始凭证。（　　）

8. 定期清查和不定期清查的对象范围，既可以是全面清查，也可以是局部清查。（　　）

9. 财产清查仅是指对各项实物资产进行盘点清查。（　　）

10. 实地盘存制是指企业对各项财产物资的收支数量和金额都必须根据原始凭证和记账凭证在有关账簿中进行连续登记，并随时结出期末余额的一种盘存制度。（　　）

11. 编制银行存款余额表只是为了核对账目，不能作为调节银行存款日记账账面余额的记账依据。（2016年初级真题）（　　）

四、实训题

<实训一>

（一）实训目的：练习财产清查的核算。

（二）实训资料：水源公司是增值税一般纳税人，适用的增值税税率为13%。2019年6月，该公司发生经济业务如下。

（1）企业在现金清查中，发现现金短缺200元，原因待查。

（2）上述现金短缺原因已查明，系出纳人员工作失职造成，责令其赔偿。

（3）企业在应收款项清查中，发现一笔长期无法支付的应付款项8 000元。经查，对方单位已经破产清算，经批准进行核销处理。

（4）企业在存货清查中发现，库存A材料账存数为70 000元，实存数为70 200元。

（5）经查明，上述A材料系收发计量误差所致。

（6）企业在存货清查中发现，库存B材料账存数为5 000元，因自然灾害全部毁坏。该材料购进时产生的进项税额为650元。

（7）B材料的损失经批准作为非常损失处理。

（8）企业在存货清查中发现，库存C材料账存数为10 000元，全部毁坏。该材料购进时产生的进项税额为1 300元。

（9）经查C材料毁坏系仓库保管员管理不善所致，责令其赔偿7 000元。其余损失经批准由企业承担。

（三）实训要求：请对上述经济业务进行账务处理。

（四）实训区域

<实训二>

（一）实训目的：练习银行存款余额调节表的编制。

（二）实训资料：水源公司是增值税一般纳税人，2019 年 6 月 30 日，"银行存款日记账"账面余额为 44 000 元，"银行对账单"余额为 50 200 元。经核对存在未达账项如下。

（1）6 月 29 日，企业销售产品，收到转账支票一张，金额为 20 000 元，银行尚未入账。

（2）6 月 29 日，企业开出转账支票一张，支付购买材料款 11 000 元，持票单位尚未向银行办理手续。

（3）6 月 30 日，银行代收销货款 17 660 元，企业尚未收到收款通知。

（4）6 月 30 日，银行代付电费 2 460 元，企业尚未收到付款通知。

（三）实训要求： 根据以上资料编制"银行存款余额调节表"，如表 7-1 所示。

（四）实训区域

表 7-1 银行存款余额调节表

项目	金额	项目	金额
企业银行存款日记账余额		银行对账单余额	
加：银行已收，企业未收		加：企业已收，银行未收	
减：银行已付，企业未付		减：企业已付，银行未付	
调节后金额		调节后金额	

项目八

账务处理程序

1. 要求学生了解账务处理程序的概念、种类和记账凭证账务处理程序的内容。
2. 掌握科目汇总表账务处理程序。
3. 熟悉汇总记账凭证账务处理程序。

重点：记账凭证账务处理程序；科目汇总表账务处理程序。
难点：汇总记账凭证账务处理程序。

一、记账凭证账务处理程序

记账凭证账务处理程序的一般步骤包括以下几点。

（1）根据原始凭证编制汇总原始凭证。

（2）根据原始凭证或汇总原始凭证，填制收款凭证、付款凭证和转账凭证，也可以填制通用记账凭证。

（3）根据收款凭证和付款凭证逐笔登记库存现金日记账和银行存款日记账。

（4）根据原始凭证、汇总原始凭证和记账凭证，登记各种明细分类账。

（5）根据记账凭证逐笔登记总分类账。

（6）期末，将库存现金日记账、银行存款日记账和明细分类账的余额与有关总分类账的余额核对相符。

（7）期末，根据总分类账和明细分类账的记录，编制财务报表。

二、汇总记账凭证账务处理程序

汇总记账凭证账务处理程序的一般步骤包括以下几点。

（1）根据原始凭证填制汇总原始凭证。

（2）根据原始凭证或汇总原始凭证，填制收款凭证、付款凭证和转账凭证，也可以填制通用记账凭证。

（3）根据收款凭证、付款凭证逐笔登记库存现金日记账和银行存款日记账。

（4）根据原始凭证、汇总原始凭证和记账凭证，登记各种明细分类账。

（5）根据各种记账凭证编制有关汇总记账凭证。

（6）根据各种汇总记账凭证登记总分类账。

（7）期末，将库存现金日记账、银行存款日记账和明细分类账的余额与有关总分类账的余额核对相符。

（8）期末，根据总分类账和明细分类账的记录，编制财务报表。

三、科目汇总表账务处理程序

科目汇总表账务处理程序的一般步骤包括以下几点。

（1）根据原始凭证填制汇总原始凭证。

（2）根据原始凭证或汇总原始凭证填制记账凭证。

（3）根据收款凭证、付款凭证逐笔登记库存现金日记账和银行存款日记账。

（4）根据原始凭证、汇总原始凭证和记账凭证，登记各种明细分类账。

（5）根据各种记账凭证编制科目汇总表。

（6）根据科目汇总表登记总分类账。

（7）期末，将库存现金日记账、银行存款日记账和明细分类账的余额同有关总分类账的余额核对相符。

（8）期末，根据总分类账和明细分类账的记录，编制财务报表。

职业能力训练

一、单项选择题

1. 记账凭证账务处理程序的显著特点是（　　　）。

　A. 根据记账凭证编制科目汇总表

　B. 直接根据每一张记账凭证登记总分类账

　C. 根据记账凭证编制汇总记账凭证

　D. 所有经济业务都必须在日记账中进行登记

2. 下列各项中，关于记账凭证账务处理程序缺点的表述正确的是（　　　）。

　A. 记账程序非常复杂，难以理解

　B. 登记总分类账的工作量较大

    C. 总分类账无法详细地反映经济业务的发生情况

    D. 可以起到试算平衡的作用

3. 多种会计核算程序的根本区别在于（　　）不同。

    A. 记账凭证的种类和格式　　　B. 登记总分类账的直接依据

    C. 登记明细分类账的依据　　　D. 原始凭证的种类和格式

4. 会计核算形式中最基本，最简单的会计核算程序是（　　）。

    A. 记账凭证核算程序　　　　　B. 科目汇总表核算程序

    C. 汇总记账凭证核算程序　　　D. 日记账核算程序

5. 在汇总记账凭证核算形式下，为了便于编制汇总转账凭证，要求所有转账凭证的科目对应关系为（　　）。

    A. 一个借方科目与几个贷方科目相对应

    B. 一个借方科目与一个贷方科目相对应

    C. 几个借方科目与几个贷方科目相对应

    D. 一个贷方科目与一个或几个借方科目相对应

6. 不能反映账户对应关系的会计核算程序是（　　）。

    A. 记账凭证核算程序　　　　　B. 科目汇总表核算程序

    C. 汇总记账凭证核算程序　　　D. 日记账核算程序

7. 在各种会计核算程序中，其相同的是（　　）。

    A. 登记总分类账的依据　　　　B. 登记明细分类账的依据

    C. 账务处理的程序　　　　　　D. 优缺点及适应范围

8. 不能够简化登记总分类账工作量的会计核算程序是（　　）。

    A. 记账凭证核算程序　　　　　B. 科目汇总表核算程序

    C. 汇总记账凭证核算程序　　　D. 多栏式日记账核算程序

9. 科目汇总表核算程序的优点是（　　）。

    A. 便于分析经济业务的来龙去脉

    B. 便于查对账目

    C. 可以减少登记总分类账的工作量

    D. 总分类账的记录较为详细

二、多项选择题

1. 下列各项中，属于科目汇总表账务处理程序的有（　　）。

    A. 根据收款凭证、付款凭证登记现金日记账和银行存款日记账

    B. 根据记账凭证登记总分类账

    C. 根据记账凭证编制科目汇总表

    D. 根据原始凭证和汇总原始凭证编制记账凭证

2. 记账凭证账务处理程序与汇总记账凭证账务处理程序的相同之处在于（　　）。

    A. 根据原始凭证或汇总原始凭证编制记账凭证

    B. 根据收款凭证、付款凭证逐笔登记库存现金日记账和银行存款日记账

  C. 根据各种记账凭证和有关原始凭证或原始凭证汇总表登记明细分类账

  D. 根据记账凭证逐笔登记总分类账

3. 汇总记账凭证账务处理程序的缺点在于（　　　）。

  A. 不利于会计核算的日常分工

  B. 不能试算平衡

  C. 不能保持科目之间的对应关系

  D. 不能节省会计工作时间

4. 下列关于记账凭证账务处理程序，说法正确的有（　　　）。

  A. 记账凭证账务处理程序的特点是直接根据记账凭证登记总分类账

  B. 采用记账凭证账务处理程序不能有效地减轻登记总分类账的工作量

  C. 将原始凭证汇总编制汇总原始凭证，根据汇总原始凭证登记记账凭证，可以减少登记总分类账的工作量

  D. 记账凭证账务处理程序适用于经济业务数量较少的单位

5. 下列各项中，属于科目汇总表核算程序优点的是（　　　）。

  A. 易于理解，方便学习

  B. 便于查对账目

  C. 能减少登记总分类账的工作量

  D. 能起到试算平衡的作用

三、判断题

1. 任何会计核算程序的第一步都是将所有的原始凭证汇总编制成汇总记账凭证。（　　　）

2. 记账凭证核算程序一般适用于规模大且经济业务较多的单位。（　　　）

3. 科目汇总表不仅可以起到试算平衡的作用，而且还可以反映账户之间的对应关系。（　　　）

4. 汇总转账凭证是按借方科目分别设置，按其对应的贷方科目归类汇总。（　　　）

5. 汇总记账凭证核算程序适用于规模小且经济业务较少的单位。（　　　）

6. 各种会计核算程序的主要区别体现在登记总分类账的依据和方法的不同。（　　　）

项目九

财务报告

学习目标 ↓

1. 了解财务报表的分类和编制要求。
2. 理解资产负债表和利润表的含义、结构。
3. 掌握资产负债表的编制方法。

重点与难点 ↓

重点：资产负债表和利润表的含义、结构。
难点：资产负债表和利润表的编制方法。

知识点回顾 ↓

企业编制财务报告是进行会计循环的最后一个环节，财务报告是会计信息对外输出的主要方式、方法和手段。通过编制资产负债表来反映企业某一特定日期的财务状况。通过编制利润表来反映企业在某一时期的经营成果。

资产负债表是指反映企业在某一特定日期的财务状况的财务报表。它是根据"资产＝负债＋所有者权益"这一会计等式，按照一定的分类标准和顺序，将企业在一定日期的全部资产、负债和所有者权益项目进行适当分类、汇总、排列后编制而成的。资产负债表中的项目分为资产、负债和所有者权益三大类，用来反映企业一定日期全部资产、负债和所有者权益的情况。资产项目一般按资产的流动性强弱排列，负债及所有者权益项目一般按求偿权先后顺序排列。同时，资产负债表有账户式和报告式两种，但无论采用什么格式，按照会计等式的基本原理，资产负债表中的资产总计与负债及所有者权益总计必须相等。

利润表又称损益表，是反映企业在一定会计期间的经营成果的报表。利润表是根据"收入-费用＝利润"编制的，其数据说明某一期间的情况，因此，利润表属于动态报表。利润表的格式主要有单步式利润表和多步式利润表两种。在我国，企业应当采用多步式利润表，将不同性质的收入和费用分别进行对比,以便得出一些中间性的利润数据,帮助报表使用者理解企业经营成果的不同来源。以营业收入为基础,减去营业成本、税金及附加、销售费用、管理费用、财务费用、资产减值损失等,再加上公允价值变动收益(减去公允价值变动损失)和投资收益(减去投资损失)等,计算出营业利润。以营业利润为基础,加上营业外收入,减去营业外支出,计算出利润总额。以利润总额为基础,减去所得税费用,计算出净利润。

错题笔记

职业能力训练

一、单项选择题

1. 会计核算的最后一个环节是( )。
   A. 填制会计凭证　　　　　　B. 登记总分类账
   C. 编制财务报告　　　　　　D. 对账

2. 资产负债表中的"短期借款"科目是根据( )的。
   A. 总分类账账户余额直接填列
   B. 总分类账账户余额计算填列
   C. 明细分类账余额计算填列
   D. 总分类账余额和明细分类账余额计算填列

3. 资产负债表中所有者权益各科目的先后顺序是按照( )排列的。
   A. 填报数额的大小　　　　　B. 到期日由近至远
   C. 永久性递减　　　　　　　D. 流动性强弱顺序

4. 在资产负债表中列示的下列科目哪个是按所属明细分类账的余额计算填列的( )。
   A. 在建工程　　　　　　　　B. 货币资金
   C. 预收账款　　　　　　　　D. 待处理流动资产损溢

5. 某企业 2019 年 6 月 30 日"银行存款"账户余额为 900 万元,"库存现金"账户余额为 19 000 万元,无其他货币资金。2019 年 6 月 30 日的资产负债表中,"货币资金"科目期末余额为( )万元。
   A. 890　　　B. 960　　　C. 901.9　　　D. 898.1

6. 下列各项中,在利润表中反映的科目是( )。
   A. 应付股利　　　　　　　　B. 管理费用
   C. 应收账款　　　　　　　　D. 未分配利润

7. 下列各项中,在利润表中反映的科目是( )。
   A. 未分配利润　B. 资本公积　C. 营业利润　D. 短期借款

8. 我国会计制度规定现行资产负债表采用的格式为( )。
   A. 报告式　B. 账户式　C. 单步式　D. 多步式

9. 某企业期末原材料账户借方余额为 20 万元,库存商品账户借方余额为 10 万元，生产成本账户借方余额为 2 万元，资产负债表的"存货"科目应填列的数额为（   ）。

    A. 32 万元   B. 27 万元   C. 22 万元   D. 25 万元

10. 资产负债表中"期末余额"根据总分类账科目余额直接填列的科目是（   ）。（2015 年初级真题）

    A. 固定资产   B. 在建工程   C. 应付账款   D. 短期借款

11. 资产负债表中根据总分类账科目余额直接填列的是（   ）。（2016 年初级真题）

    A. 无形资产   B. 短期借款

    C. 投资性房地产   D. 固定资产

12. 下列各项中，不属于资产负债表中所有者权益的是（   ）。

    A. 实收资本   B. 资本公积   C. 存货   D. 盈余公积

13. 下列各项中，应该计入利润表中营业收入的是（   ）。

    A. 罚款收入   B. 违约金收入

    C. 工业企业销售商品的收入   D. 捐赠收入

14. 下列各科目的期末余额，不应在资产负债表"存货"科目列示的是（   ）。（2010 年初级真题）

    A. 库存商品   B. 生产成本

    C. 工程物资   D. 委托加工物资

15. 下列各项中，关于资产负债表"预收账款"科目填列方法表述正确的是（   ）。（2013 年初级真题）

    A. 根据"预收账款"科目的总分类账期末余额填列

    B. 根据"预收账款"和"应收账款"科目所属各明细科目的期末贷方余额合计数填列

    C. 根据"预收账款"和"预付账款"科目所属各明细科目的期末借方余额合计数填列

    D. 根据"预收账款"和"应付账款"科目所属各明细科目的期末贷方余额合计数填列

16. 下列各项中，应记入利润表"营业收入"科目的是（   ）。（2013 年初级真题）

    A. 销售材料取得的收入

    B. 接受捐赠收到的现金

    C. 出售专利权取得的净收益

    D. 出售自用房产取得的净收益

17. 下列各项中，根据相应总分类账科目余额直接在资产负债表中填列的是（   ）。（2014 年初级真题）

    A. 短期借款   B. 固定资产   C. 长期借款   D. 应收账款

18. 2016 年 12 月 31 日，甲企业预收账款总账科目贷方余额为 15 万元。明细科目如下：乙企业科目贷方余额为 25 万元，丙企业明细科目借方余额为 10 万元。不考虑其他因素。甲企业 2016 年年末资产负债表，"预收账款"科目的期末余额为（　　）。（2017 年初级真题）

  A．10   B．15   C．5   D．25

  19．下列各项中，不属于利润表中"利润总额"科目的是（　　）。（2018 年初级真题）

  A．确认资产减值损失

  B．无法查明原因的现金溢余

  C．确认的所得税费用

  D．收到政府补助确认的其他收益

  20．2017 年 12 月 31 日，某企业"应付账款——甲企业"明细科目贷方余额为 40 000 元。"应付账款——乙企业"明细科目借方余额为 10 000 元，"预付账款——丙企业"明细科目借方余额为 30 000 元，"预付账款——丁企业"明细科目贷方余额为 6 000 元。不考虑其他因素该企业 2017 年 12 月 31 日资产负债表"应付账款"科目期末余额为（　　）元。（2018 年初级真题）

  A．30 000 B．36 000 C．40 000 D．46 000

  21．下列各项中，应当记入利润表"销售费用"科目的是（　　）。（2020 年初级真题）

  A．计提属于行政管理部门的无形资产摊销额

  B．计提行政管理部门的工会经费

  C．计提专设销售机构的折旧费

  D．发生的不符合资本化条件的研发费用

二、多项选择题

  1．下列属于财务报告组成部分的是（　　）。

  A．资产负债表   B．利润表

  C．现金流量表   D．所有者权益变动表

  2．在编制资产负债表时，依据总分类账的账户余额直接填列的科目是（　　）。

  A．货币资金 B．应付票据 C．应付账款 D．实收资本

  3．下列账户余额在资产负债表"货币资金"科目反映的是（　　）。

  A．库存现金   B．银行存款

  C．其他货币资金   D．其他应付款

  4．下列账户余额在资产负债表"存货"科目反映的是（　　）。

  A．原材料   B．库存商品

  C．存货跌价准备   D．生产成本

  5．下列各项在利润表中填列的内容为（　　）。

  A．税金及附加   B．所得税费用

  C．公允价值变动损益 D．利润总额

  6．在编制资产负债表时，需依据明细分类账的余额进行计算然后

再填列的科目是（　　　）。

  A. 盈余公积 B. 应收账款 C. 应付账款 D. 应收票据

  7. 下列各项中，关于资产负债表填列正确的是（　　　）。（2016年初级真题）

  A. "短期借款"科目根据"短期借款"总分类账科目余额直接填列

  B. "实收资本"科目根据"实收资本"总分类账科目期末余额填列

  C. "开发支出"科目根据"研发支出"所属资本化支出明细分类账科目期末余额填列

  D. "长期借款"科目根据"长期借款"总分类账科目及其明细分类账科目期末余额分析计算填列

  8. 下列各项中，应在资产负债表"预付款项"科目列示的有（　　　）。（2012年初级真题）

  A. "应付账款"科目所属明细分类账科目的借方余额

  B. "应付账款"科目所属明细分类账科目的贷方余额

  C. "预付账款"科目所属明细分类账科目的借方余额

  D. "预付账款"科目所属明细分类账科目的贷方余额

  9. 下列各项中，应列入资产负债表"应收账款"科目的有（　　　）。（2011年初级真题）

  A. 预付职工差旅费

  B. 代购货单位垫付的运杂费

  C. 销售产品应收取的款项

  D. 对外提供劳务应收取的款项

  10. 下列各项中，应在资产负债表"应收账款"科目列示的有（　　　）。（2010年初级真题）

  A. "预付账款"科目所属明细分类账科目的借方余额

  B. "应收账款"科目所属明细分类账科目的借方余额

  C. "应收账款"科目所属明细分类账科目的贷方余额

  D. "预收账款"科目所属明细分类账科目的借方余额

  11. 资产负债表中，应根据有关科目余额减去备抵科目余额后的净额填列的科目有（　　　）。（2010年初级真题）

  A. 存货   B. 无形资产

  C. 应收账款   D. 长期股权投资

  12. 在编制资产负债表时，下列各项中，可以直接根据有关总分类账科目的余额填列的科目有（　　　）。（2020年初级真题）

  A. 短期借款   B. 应付职工薪酬

  C. 应付票据   D. 货币资金

三、判断题

1. 资产负债表中填报的各科目应分别根据相应账户的期末余额抄列。（　　）

2. 利润表中的营业利润根据营业收入和营业成本两个账户的发生额分析填列。（　　）

3. 资产负债表中货币资金根据银行存款、库存现金和其他货币资金3个总分类账科目余额填列。（2015年初级真题）（　　）

4. 利润表是反映企业一定会计期间经营成果的财务报表。（　　）

5. 利润表的营业收入和营业成本分别反映企业主营业务和其他业务确认的收入总额和实际成本总额。（　　）

6. 资产负债表是反映企业一定会计期间财务状况、经营活动情况和现金流量的报表。（　　）

7. 资产负债表中"应付账款"科目应按"预付账款"明细分类科目贷方发生额和"应付账款"明细分类科目贷方发生额之和填列。（2016年初级真题）（　　）

四、实训题

<实训一>

（一）实训目的：练习企业业务的核算。

（二）实训资料：甲公司为增值税一般纳税人，原材料采用实际成本法核算，2019年12月，发生部分经济业务如下。

（1）购入一批材料，买价为60 000元，增值税税额为7 800元，款项从银行存款支付，材料未到。

（2）以银行存款支付前欠货款40 000元。

（3）购入一批材料，买价为30 000元，增值税税额为3 900元，价税款以银行存款付清，材料验收入库。

（4）收到上月付款的一批材料并验收入库，成本为40 000元。

（5）销售一批商品，售价为100 000元，增值税税额为13 000元，款项暂未收到。

（6）购入一批材料，买价为40 000元，增值税税额为5 200元，款项上月已预付，材料验收入库。

（7）分配工资80 000元，其中生产工人工资为45 000元，车间管理人员工资为8 000元，销售人员工资为15 000元，行政管理人员工资为12 000元。

（8）计算短期借款利息6 000元，利息尚未支付。

（9）申请5年期长期借款100 000元，借款已存入银行。

（10）收到到期的无息银行承兑汇票款50 000元存入银行。

（11）从银行提取现金80 000元发放工资。

（12）用现金80 000元支付员工工资。

（13）生产车间生产产品领用原材料，成本为20 000元。

（14）计提固定资产折旧，生产车间为 30 000 元，管理部门为 8 000 元。

（15）用银行存款支付产品广告费 8 000 元。

（16）用库存现金购买办公用品 500 元。

（17）用银行存款支付工会经费 800 元。

（18）将制造费用 38 000 元转入生产成本。

（19）结转完工产品成本 103 000 元。

（20）结转本期商品销售成本 200 000 元。

（21）用银行存款缴纳增值税税额 40 000 元。

（三）实训要求：编制上述业务的会计分录。

（四）实训区域

<实训二>

（一）实训目的：练习资产负债表的编制。

（二）实训资料：甲公司为增值税一般纳税人，2019 年 12 月 31 日有关科目的余额，如表 9-1 所示。

表 9-1　2019 年 12 月 31 日有关科目的余额　　　单位：元

科目名称	借方金额	科目名称	贷方金额
库存现金	800	短期借款	120 000
银行存款	50 200	应付票据	80 000
交易性金融资产	6 000	应付账款	380 000
应收票据	98 400	其他应付款	22 600
应收账款	120 000	应付职工薪酬	44 000
坏账准备	-3 000	应付股利	
预付账款	40 000	应交税费	12 000
其中：甲公司	60 000	应付债券	
乙公司	-20 000	长期借款	640 000
其他应收款	2 000	其中：一年内到期的	400 000
原材料	200 000	股本	2 000 000
生产成本	30 000	资本公积	
库存商品	670 000	盈余公积	40 000
长期股权投资	100 000	未分配利润	20 000
固定资产	600 000		
累计折旧	-160 000		

续表

科目名称	借方金额	科目名称	贷方金额
在建工程	600 000		
无形资产	240 000		
长期待摊费用	764 200		

（三）实训要求：根据表中数据，编制甲公司 2019 年 12 月 31 日资产负债表（简表），如表 9-2 所示。

（四）实训区域

表 9-2 资产负债表（简表）

编制单位：　　　　　　日期：　年　月　日　　　　　　单位：元

资产：	期末余额	期初余额	负债：	期末余额	期初余额
流动资产：			流动负债：		
货币资金		（略）	短期借款		（略）
交易性金融资产			交易性金融负债		
衍生金融资产			衍生金融负债		
应收票据			应付票据		
应收账款			应付账款		
应收账款融资			其他应付款		
预付账款			应付职工薪酬		
其他应收款			应交税费		
存货			一年内到期的非流动负债		
合同资产			流动负债合计		
持有待售资产			非流动负债：		
一年内到期的非流动资产			应付债券		
其他流动资产			长期借款		
流动资产合计			非流动负债合计		
非流动资产：			负债合计		
长期股权投资			所有者权益：		
固定资产			股本		
在建工程			资本公积		
无形资产			盈余公积		
长期待摊费用			未分配利润		
非流动资产合计			所有者权益合计：		
资产合计			负债和所有者权益合计		

<实训三>

（一）实训目的：练习利润表的编制。

（二）实训资料：甲公司为增值税一般纳税人，2019 年 12 月利润表有关科目的累计发生额，如表 9-3 所示。

表 9-3　2019 年 12 月利润表有关科目累计发生额　　单位：元

科目名称	借方发生额	贷方发生额
主营业务收入		1 200 000
其他业务收入		20 000
投资收益		200 000
营业外收入		80 000
主营业务成本	500 000	
税金及附加	50 000	
其他业务成本	10 000	
销售费用	20 000	
管理费用	50 000	
财务费用	8 000	
资产减值损失	2 000	
营业外支出	5 000	
所得税费用	20 000	

（三）实训要求：根据实训资料，完成以下实训要求。

（1）请计算营业收入、营业成本、营业利润、利润总额、净利润。

（2）根据表中数据，编制甲公司 2019 年 12 月利润表（简表），如表 9-4 所示。

（四）实训区域

表 9-4　利润表（简表）

会企 02 表

编制单位：　　　　　日期：　年　月　　　　单位：元

项目	本期金额	上期金额
一、营业收入		（略）
减：营业成本		
税金及附加		

续表

项目	本期金额	上期金额
销售费用		
管理费用		
研发费用		
财务费用		
其中：利息费用		
利息收入		
加：其他收益		
投资收益（损失以"-"号填列）		
其中：对联营企业和合营企业的投资收益		
以摊余成本计量的金融资产终止确认收益（损失以"-"号填列）		
净敞口套期收益（损失以"-"号填列）		
公允价值变动收益（损失以"-"号填列）		
信用减值损失（损失以"-"号填列）		
资产减值损失（损失以"-"号填列）		
资产处置收益（损失以"-"号填列）		
二、营业利润（亏损以"-"号填列）		
加：营业外收入		
减：营业外支出		
三、利润总额（亏损总额以"-"号填列）		
减：所得税费用		
四、净利润（净亏损以"-"号填列）		
（一）持续经营净利润（净亏损以"-"号填列）		
（二）终止经营净利润（净亏损以"-"号填列）		
五、其他综合收益的税后净额		
六、综合收益总额		
七、每股收益：		
（一）基本每股收益		
（二）稀释每股收益		

第二部分

会计基础综合实训

一、实训目的

通过本实训，教师强化实践性教学，使学生全面、系统地掌握企业会计核算的基本程序和方法，熟悉部分经济业务的账务处理，培养其基本操作技能和动手能力，促使其进一步理解和掌握会计的基础理论、基本方法和基本技能，为其今后学习其他专业课程打下坚实的基础。

二、实训要求

1. 根据资料开设原材料、生产成本及库存商品总分类账及明细分类账，并登记期初余额。

2. 根据经济业务，填制记账凭证。

3. 根据记账凭证编制科目汇总表。

4. 根据记账凭证登记有关明细分类账，根据科目汇总表登记总分类账。

5. 计算各账户本期发生额及余额，进行月末对账和结账。

6. 在账账相符的基础上，编制资产负债表和利润表。

三、实训资料

（一）企业概况

德高制造有限公司（简称"德高公司"）是一个中型企业（增值税一般纳税人），主要生产 A 产品和 B 产品，采用科目汇总表核算形式。该企业财务部有五名会计人员，分别任职出纳、总分类账报表、成本费用核算、往来结算和会计主管的岗位。

（二）企业信息

纳税人识别号：370504002112689

开户银行：中国工商银行德州支行

银行账户：6222081612001634587

地址：德州市新华路 32 号

电话：0534-2667588

四、企业案例

（一）德高公司 2020 年 11 月 1 日总分类账余额，如表 1 所示。

表 1　2020 年 11 月 1 日总分类账余额

总分类账账户	借方余额（元）	总分类账账户	贷方余额（元）
库存现金	2 000	短期借款	800 000
银行存款	264 370	应付账款	11 300
应收账款	226 000	应付职工薪酬	83 400

续表

总分类账账户	借方余额（元）	总分类账账户	贷方余额（元）
原材料	435 000	实收资本	397 200
库存商品	505 250	盈余公积	3 000 000
固定资产	13 000 000	利润分配	1 140 720
合计	2 732 620	合计	2 732 620

（二）德高公司 2020 年 11 月 1 日明细分类账余额，如表 2 所示。

表 2　2020 年 11 月 1 日明细分类账余额

账户名称	明细分类账	数量	单价	借方金额(元)	贷方金额(元)
应收账款	大名公司			226 000	
原材料	甲材料	3 100 千克	50 元/千克	155 000	
原材料	乙材料	2 800 千克	100 元/千克	280 000	
库存商品	A 产品	300 千克	1 080.5 元/件	324 150	
库存商品	B 产品	200 千克	905.5 元/件	181 100	
应付账款	朗天公司				11 300
应付职工薪酬	工资				83 400

（三）德高公司 2020 年 11 月发生的经济业务如下。

（1）11 月 1 日，德高公司收到华泰公司的投资款 100 万元，款项已存入银行。

（2）11 月 3 日，德高公司从中国工商银行取得期限为 6 个月的借款 30 万元，款项已存入银行。

（3）11 月 5 日，德高公司开出现金支票一张，提现 3 000 元备用。

（4）11 月 7 日，德高公司开出转账支票一张，支付上个月工资 83 400 元。

（5）11 月 8 日，德高公司从光华公司采购甲材料 2 000 千克，单价 50 元/千克，计增值税税额 13 000 元。材料已验收入库，款项已通过银行存款支付。

（6）11 月 10 日，德高公司从光华公司采购乙材料 3 000 千克，单价 100 元/千克，计增值税税额 39 000 元。材料尚未到达，款项尚未支付。

（7）11 月 12 日，从光华公司采购的乙材料已运到企业并验收入库。

（8）11 月 15 日，采购部李丽出差，预借差旅费 2 000 元，公司以现金支付。

（9）11 月 20 日，采购部李丽报销差旅费 1 500 元，剩余 500 元交回财务部。

（10）11 月 21 日，德高公司开出转账支票一张支付前欠朗天公司货款 11 300 元。

（11）11 月 23 日，用现金购买办公用品 1 000 元，其中车间领用 300

元，行政管理部门领用 400 元，销售部门领用 300 元。

（12）11 月 24 日，向佳美公司销售 A 产品 300 件，单价 2 000 元/件，货已发出，开出的增值税专用发票上注明的价款为 600 000 元，增值税税额为 78 000 元，款项已存入银行。

（13）11 月 25 日，开出转账支票支付广告费 10 600 元。

（14）11 月 26 日，向昊天公司销售 B 产品 100 件，单价 3 000 元/件，开出的增值税专用发票上注明的价款为 300 000 元，增值税税额为 39 000 元，货已发出，款项尚未收到。

（15）11 月 28 日，收到昊天公司货款 339 000 元，款项已存入银行。

（16）11 月 30 日，汇总本月领料单，编制发出材料汇总表，如表 3 所示。

表 3　发出材料汇总表　　2020 年 11 月 30 日

项目	甲材料			乙材料			合计
	数量（千克）	单价（元/千克）	金额（元）	数量（千克）	单价（元/千克）	金额（元）	金额（元）
生产 A 产品耗用	800	50	40 000	700	100	70 000	110 000
生产 B 产品耗用	2 000	50	100 000	1 500	100	150 000	250 000
生产车间一般耗用	200	50	10 000	500	100	50 000	60 000
行政部门耗用	20	50	1 000				1 000
销售部门耗用				30	100	3 000	3 000
合计	3 020	50	151 000	2 730	100	273 000	424 000

（17）11 月 30 日，计提本月工资，工资分配如下所示：德高公司计提工资总额为 300 000 元，其中生产工人工资 210 000 元，车间管理人员工资 20 000 元，行政管理部门人员工资 50 000 元，销售部门人员工资 20 000 元。其中生产工人工资按照生产工时分配给 A、B 两种产品，A 产品的生产工时是 10 000 小时，B 产品的生产工时是 20 000 小时。

（18）11 月 30 日，德高公司开出转账支票支付水费 5 000 元，其中车间耗用 3 000 元，行政管理部门耗用 1 000 元，销售部门耗用 1 000 元。

（19）11 月 30 日，德高公司开出转账支票支付电费 10 000 元，其中车间耗用 5 000 元，行政管理部门耗用 3 000 元，销售部门耗用 2 000 元。

（20）11 月 30 日，德高公司计提固定资产折旧 36 000 元，其中车间固定资产折旧 20 000 元，行政管理部门固定资产折旧 10 000 元，销售部门固定资产折旧 6 000 元。

（21）11 月 30 日，归集并按生产工时分配制造费用，其中 A 产品的生产工时是 10 000 小时，B 产品的生产工时是 20 000 小时。

（22）11 月 30 日，计算完工入库产品成本，其中 A 产品完工入库 200 件，B 产品完工入库 100 件，A、B 产品月末均无在产品。

（23）结转已销产品成本，其中 A 产品成本为 324 150 元，B 产品成本为 90 550 元。

（24）11 月 30 日，结转本期损益类账户到本年利润账户。

（25）11 月 30 日，计算并结转本期应交所得税。

（26）11 月 30 日，结转本年利润账户至利润分配账户。

第三部分

"1+X"智能财税职业技能等级考试样题

一、智能财税上册样题

一、单项选择题（每题 1.25 分，共 8 题，错选、不选均不得分）

1. 北京惠龙家具商贸有限责任公司是增值税一般纳税人，财税共享服务中心代理该公司账务。财税共享服务中心收到北京惠龙家具商贸有限责任公司的 1 张发票，这张发票票据信息中显示的发票类型是（　　）。

　　A. 销项专票　　B. 销项普票　　C. 进项专票　　D. 进项普票

2. 北京惠龙家具商贸有限责任公司是增值税一般纳税人，财税共享服务中心代理该公司账务。财税共享服务中心为北京惠龙家具商贸有限责任公司设立账务，同时还进行存货、数量、客户和供应商辅助核算等业务，2019 年 11 月 4 日财税共享服务中心收到北京惠龙家具商贸有限责任公司采购库存商品的成本类发票，通过票据采集、查验后自动生成记账凭证，票据如下图所示，下列选项中（　　）的记账凭证是财税共享服务中心审核岗员工审核无误的。

A.

序号	摘要	会计科目	借方金额	贷方金额
			亿 千 百 十 万 千 百 十 元 角 分	亿 千 百 十 万 千 百 十 元 角 分
1	采购办公家具	160103 固定资产-办公家具	3 6 0 0 0 0 0	
2	进项税	22210101 应交税费-应交增值税-进项税额	4 6 8 0 0 0	
3	欠供应商款	2202 应付账款		4 0 6 8 0 0 0
4				
合计:肆万零陆佰捌拾元整			4 0 6 8 0 0 0	4 0 6 8 0 0 0

B.

序号	摘要	会计科目	数量	借方金额	贷方金额
				亿 千 百 十 万 千 百 十 元 角 分	亿 千 百 十 万 千 百 十 元 角 分
1	采购办公家具	1405 库存商品-进项16%_椅子	数量:0.00个 单价:0.000000	3 6 0 0 0 0 0	
2	进项税	22210101 应交税费-应交增值税-进项税额		4 6 8 0 0 0	
3	欠供应商款	2202 应付账款			4 0 6 8 0 0 0
4					
合计:肆万零陆佰捌拾元整				4 0 6 8 0 0 0	4 0 6 8 0 0 0

C.

序号	摘要	会计科目	数量	借方金额	贷方金额
				亿 千 百 十 万 千 百 十 元 角 分	亿 千 百 十 万 千 百 十 元 角 分
1	采购办公家具	1405 库存商品-进项13%_椅子	数量:200.00个 单价:180.000000	3 6 0 0 0 0 0	
2	进项税	22210101 应交税费-应交增值税-进项税额		4 6 8 0 0 0	
3	欠供应商款	2202 应付账款			4 0 6 8 0 0 0
4					
合计:肆万零陆佰捌拾元整				4 0 6 8 0 0 0	4 0 6 8 0 0 0

D.

序号	摘要	会计科目	数量	借方金额	贷方金额
				亿 千 百 十 万 千 百 十 元 角 分	亿 千 百 十 万 千 百 十 元 角 分
1	采购办公家具	1405 库存商品-进项13%_椅子	数量:200.00个 单价:180.000000	3 6 0 0 0 0 0	
2	进项税	22210101 应交税费-应交增值税-进项税额		4 6 8 0 0 0	
3	欠供应商款	2202 应付账款_北京志嘉家具有限公司			4 0 6 8 0 0 0
4					
合计:肆万零陆佰捌拾元整				4 0 6 8 0 0 0	4 0 6 8 0 0 0

3. 财税共享服务中心代理公司账务并进行纳税申报时，对于企业所得税是按月还是按季度预缴的，由（　　　）具体核定。

A. 会计主管 　　　　　　　　　B. 法人

C. 工商管理局 　　　　　　　　D. 税务机关

4. 财税共享服务中心理票岗员工在对成本类增值税专用发票进行整理时，采集完成的票据在"票据采集"界面（　　　）中显示。

A. 销项发票 　　　　　　　　　B. 进项发票

C. 费用报销单 　　　　　　　　D. 票据制单

5. 财税共享服务中心理票岗员工为增值税一般纳税人进行费用类票据整理时，对注明本企业员工身份信息的航空运输电子客票行程单和铁路车票进行票据采集，采集完成后，在票据制单时其费用类型应选择（ ）。

    A. 销项发票   B. 进项发票

    C. 国内航空铁路旅客运输服务   D. 报销差旅费

6. 财税共享服务中心票据岗员工为具有开票资格的增值税一般纳税人代开纸质发票业务，设置纳税主体档案配置税控信息完成后，在"发票领购"时需要选择（ ）后才能单击"领购"按钮。

    A. 销方名称

    B. 开票终端

    C. 发票类型

    D. 填写购货方信息和商品行信息

7. （ ）具有为没有资质开具"增值税专用发票"的小规模纳税人代开"增值税专用发票"的权利。

    A. 委托方   B. 代理公司   C. 税务机关   D. 购买方

8. 财税共享服务中心涉税岗员工为小规模纳税人进行增值税纳税申报时，需要业务复核的事项是（ ）。

    A. 复核增值税申报表是否符合要求，内容完整

    B. 对其销售额的内容和规模大小进行复核，来判断其是否具备免缴增值税的条件

    C. 对其进项发票进行复核，看哪些能抵扣，哪些不能抵扣

    D. 销项发票进行复核，复核发票开具是否符合要求，发票内容是否齐全，销项税额计算是否正确

二、多项选择题（每题 2 分，共 5 题，错选、不选均不得分）

9. 财税共享服务中心理票岗员工对原始票据审核的内容主要包括（ ）。

    A. 真实性   B. 合法性   C. 公允性   D. 完整性

10. 财税共享服务中心员工按要求为被代理公司开具有效的增值税普通纸质发票和增值税专用纸质发票前需要做（ ）准备工作。

    A. 对开票信息进行认真核查   B. 领取发票

    C. 登录国家税务局网站   D. 登录"金税师"平台

11. 财税共享服务中心审核岗员工在对记账凭证审核时，重点审核（ ）。

    A. 内容是否真实   B. 书写是否正确

    C. 科目是否正确   D. 金额是否正确

12. 收到客户提供的票据时，检查客户提供的资料中，是否有在客户从其开票系统中下载的"增值税专用发票汇总表"或"增值税普通发票汇总表"。其中，需特别关注（ ）等信息是否完整。

    A. 开票份数   B. 开票统计   C. 开票明细   D. 制表日期

13. 一般纳税人应征增值税销售额，包括（ ）。

A. 纳税申报销售额 　　　　B. 稽查查补销售额

C. 纳税评估调整销售额 　　D. 预收款项

三、判断题（每题 1 分，共 10 题，错答、不答均不得分）

14. 填开发票的单位和个人在经营业务发生之前和之后都可以开具发票。　　　　　　　　　　　　　　　　　　　（　　）

15. 企业通过银行结算的业务，只要有发票单据对接，就可按照业务类型进行分类整理。　　　　　　　　　　　　　　（　　）

16. 按照会计核算制度的要求，本地住宿类发票应记入"管理费用——差旅费"科目。　　　　　　　　　　　　　　（　　）

17. 在智能财税共享平台上新增二级明细会计科目时，只需要输入上级科目以及需要添加的二级明细科目名称即可，不用添加余额方向。　　　　　　　　　　　　　　　　　　　　（　　）

18. 原始凭证只有经过审核无误后，才能作为登记账簿和编制记账凭证的依据。　　　　　　　　　　　　　　　　（　　）

19. 土地使用税按年征收、分期缴纳。纳税期限由各省、自治区、直辖市人民政府规定。　　　　　　　　　　　　（　　）

20. 小规模纳税人增值税申报一般为季度申报。　（　　）

21. 季度预缴中需要注意预缴填写的收入金额应不少于增值税纳税申报表中的销售额。　　　　　　　　　　　　　（　　）

22. 纳税人未按照规定的期限办理纳税申报和报送纳税资料的，将影响纳税信用评价结果。　　　　　　　　　　　（　　）

23. 房产税履行纳税义务前，应先进行房产税源登记。（　　）

四、操作题（70 分）

24. 北京飞扬数码科技有限公司为小规模纳税人企业，季初季末从业人数均为 4 人，季初资产总额 10 万元，季末资产总额 13.12 万元的企业。北京紫霖财税共享服务中心公司（以下简称"财税共享中心"）是一家为企业提供财税咨询和代理的专业服务公司。员工李自健为紫霖公司的一名管家，于 2019 年 12 月 1 日与北京飞扬数码科技有限公司签订了代理记账合同。财税共享中心已为北京飞扬数码科技有限公司建立了会计账套，同时将签收的 12 月份所有票据进行了整理并生成记账凭证，会计账簿和账务报表也已生成并审核无误，报税员李自健于 2020 年 1 月 8 日开始进行纳税申报。

要求：请代报税员李自健为小规模纳税人北京飞扬数码科技有限公司编制 2019 年第四季度企业所得税纳税申报表，并进行审核申报。（5 分）

25. 北京紫霖财税共享服务中心公司（以下简称"财税共享中心"）是一家为企业提供财税咨询和代理的专业服务公司。员工郑小波是该公司的一名管家，于 2019 年 11 月 30 日与北京陈鸿商贸有限责任公司（以下简称"陈鸿公司"）签订了代理记账合同。下面是陈鸿公司的基本信息。

企业类型：商贸企业

纳税人识别号：91110105397030000N

纳税人类型：一般纳税人

公司经营地址：北京市西城区复兴路 25 号

电话：010-88000000

开户银行：中国工商银行复兴路支行

银行账号：0200219800920001760

2019 年 12 月 2 日陈鸿公司与北京爱佳生活超市有限公司签订了销售合同，销售香蕉 100 箱（商品和服务税收分类：水果），合同注明不含税销售总金额：9 000 元，货已发出；北京爱佳生活超市有限公司要求提供增值税纸质普通发票一张。开具增值税纸质普通发票的相关信息如下。

购买单位：北京爱佳生活超市有限公司

纳税人识别号：91110105567900000Y

公司经营地址：北京市朝阳区北沙滩 31 号院

电话：010-58761111

开户银行：中国工商银行北京玛丽安路支行

银行账号：0200025111920003066

要求：

（1）请在"票天下"领取发票（税控盘密码：88888888）。（3 分）

（2）根据业务需求增加商品服务档案和客户信息。（3 分）

（3）请代税务岗张皓为陈鸿公司代开增值税纸质普通发票。（3 分）

26. 北京紫霖财税共享服务中心公司（以下简称"财税共享中心"）是一家为企业提供财税咨询和代理的专业服务公司。员工郑小波是该公司的一名管家，于 2019 年 11 月 30 日与北京快迅咨询服务有限公司（一般纳税人）签订了代理记账合同。财税共享中心已为北京快迅咨询服务有限公司建立了会计账套，同时将签收的 12 月份所有票据进行了整理并生成记账凭证，会计账簿和财务报表也已生成并审核无误，报税员李自健于 2020 年 1 月 8 日开始进行纳税申报。

要求：请代报税员李自健为一般纳税人北京快迅咨询服务有限公司编制 2019 年 12 月增值税纳税申报表，并进行纳税申报。（5 分）

27. 北京紫霖财税共享服务中心公司（以下简称"财税共享中心"）是一家为企业提供财税咨询和代理的专业服务公司。员工周明是该公司的一名管家，于 2019 年 11 月 30 日与北京陈鸿商贸有限责任公司（以下简称"陈鸿公司"）签订了代理记账合同。下面是陈鸿公司的基本信息。

企业类型：商贸企业

纳税人识别号：91110105397030000N

纳税人类型：一般纳税人

公司经营地址：北京市西城区复兴路 25 号

电话：010-88000000

开户银行：中国工商银行复兴路支行

银行账号：0200219800920001760

财税共享中心票据岗员工周明于 12 月 25 日接到客户陈鸿公司提供的增值税专用发票 1 张（2 联），增值税普通发票 1 张如下图所示。

要求：

（1）请代票据岗员工周明为陈鸿公司采集、整理成本类发票并查验。（3 分）

（2）根据相关单据生成记账凭证。（3 分）

28. 2019 年 12 月 23 日，北京陈鸿商贸有限责任公司的员工李云飞报销差旅费，以网上银行支付报销款，该公司差旅费报销政策为凭票报销，无其他补助项目。

要求：

（1）采集行程单、发票并查验。（4分）

（2）根据下面四张单据合并生成一张记账凭证。（4分）

中国工商银行 网上银行电子回单

电子回单号码：60133095982

付款人	户名	北京陈鸿商贸有限责任公司	收款人	户名	李云飞
	账号	0200219800920001760		账号	6298172007883987
	开户银行	中国工商银行复兴路支行		开户银行	中国工商银行复兴路支行

金额	人民币（大写）：贰仟柒佰贰拾元整		¥2,720.00 元
摘要		业务种类	
用途			
交易流水号	55300308229572	时间戳	2019-12-24

备注：

验证码：96630589

记账网点	445	记账柜员	023	记账日期	2019年12月24日

打印日期：2019年12月24日

29. 北京紫霖财税共享服务中心公司（以下简称"财税共享中心"）是一家为企业提供财税咨询和代理的专业服务公司。员工郑小波是该公司的一名管家，于 2019 年 11 月 30 日与北京陈鸿商贸有限责任公司（以下简称"陈鸿公司"）签订了代理记账合同。下面是陈鸿公司的基本信息。

企业类型：商贸企业

纳税人识别号：91110105397030000N

纳税人类型：一般纳税人

公司经营地址：北京市西城区复兴路 25 号

电话：010-88000000

开户银行：中国工商银行复兴路支行

银行账号：0200219800920001760

2019 年 12 月 2 日陈鸿公司与北京运交集团有限公司签订了销售合同，销售糖心苹果 200 箱（商品和服务税收分类：水果），合同注明不含税销售总金额：18 000 元，货已发出；北京运交集团有限公司要求提供电子发票一张。开具电子发票的相关信息如下。

购买单位：北京运交集团有限公司

纳税人识别号：9111000048888874E

公司经营地址：北京市大兴区康庄延吉路 9 号

电话：01085809052

开户银行：中国建设银行北京大兴康庄支行

银行账号：4500160425505071236

接收电子发票手机号：13800018888

接收电子发票邮箱：yunjiao@sina.com

要求：

（1）请在"票天下"领取发票（税控盘密码：88888888）。（4 分）

（2）根据业务需求增加商品服务档案和客户信息。（4 分）

（3）请代税务岗张皓为陈鸿公司代开增值税电子普通发票。（4分）

30. 北京紫霖财税共享服务中心公司（以下简称"财税共享中心"）是一家为企业提供财税咨询和代理的专业服务公司。员工郑小波是该公司的一名管家，2019年11月30日与北京陈鸿商贸有限责任公司（以下简称"陈鸿公司"）签订了代理记账合同。下面是陈鸿公司的基本信息。

企业类型：商贸企业

纳税人识别号：91110105397030000N

纳税人类型：一般纳税人

公司经营地址：北京市西城区复兴路25号

电话：010-88000000

开户银行：中国工商银行复兴路支行

银行账号：0200219800920001760

2019年12月2日陈鸿公司向黑龙江省大美超市有限公司销售长寿牌方便面150箱（商品和服务税收分类：烘焙食品），销售合同注明销售总金额（含税）10 170元，货已发出，款项也已结清，黑龙江省大美超市要求开具一张增值税专用发票，但由于陈鸿公司出纳兼发票开票员外出学习，陈鸿公司委托财税共享中心税务岗张皓为其代理开具发票。开具电子发票的相关信息如下。

购买单位：黑龙江省大美超市有限公司

纳税人识别号：91230100126900005M

营业地址：哈尔滨市南岗区清滨路1590号

电话：045186680000

开户银行：中国工商银行哈尔滨市兴河支行

银行账号：3500042101005000013

要求：

（1）请在"票天下"领取发票（税控盘密码：88888888）。（5分）

（2）根据业务需求增加商品服务档案和客户信息。（5分）

（3）请代税务岗张皓为陈鸿公司代开增值税专用发票。（5分）

31. 北京紫霖财税共享服务中心公司（以下简称"财税共享中心"）是一家为企业提供财税咨询和代理的专业服务公司。员工郑小波是该公司的一名管家，2019年11月30日与北京陈鸿商贸有限责任公司（以下简称"陈鸿公司"）签订了代理记账合同。下面是陈鸿公司的基本信息。

企业类型：商贸企业

纳税人识别号：91110105397030000N

纳税人类型：一般纳税人

公司经营地址：北京市西城区复兴路25号

电话：010-88000000

开户银行：中国工商银行复兴路支行

银行账号：0200219800920001760

财税共享中心员工周明是一名理票员，其岗位职责是对客户提供的各类票据进行整理并制单。2019 年 12 月 25 日，周明接到客户陈鸿公司提供的增值税专用发票 2 张，如下图所示。

要求：

（1）请代理票员周明为陈鸿公司采集、整理销售类发票并查验。（5 分）

（2）选择票据类型自动生成记账凭证。（5 分）

二、智能财税中册样题

一、单项选择题（每题 1 分，共 10 题，错选、不选均不得分）

1. 财税共享服务中心涉税岗员工进行增值税申报时，如果单击"一键取进项（销项）"未获取发票信息，可通过利用 Excel 导入（　　）方式进行税表编制。

    A. 资产负债表   B. 现金流量表

    C. 科目余额表   D. 利润表

2. 财税共享服务中心理票岗员工在查验发票过程中，审查增值税专用发票是否压线、错格，属于（　　）。

    A. 发票票面审查   B. 发票基础信息审查

    C. 发票备注栏审查   D. 发票与合同匹配审查

3. 新华书店与财税共享服务中心签订纳税申报外包业务，财税共享服务中心涉税岗员工需通过（　　）进行操作。

    A. 纳税共享   B. 纳税管理

    C. 纳税申报   D. 纳税统计

4. 在"智能工资"核算人员专项附加扣除时，人员专项附加信息中不包括（　　）。

    A. 子女教育   B. 继续教育

    C. 境外教育   D. 住房租金

5. 新华书店与财税共享服务中心签订员工费用类票据外包业务，财税共享服务中心员工需要新建新华书店的账套，在设置辅助核算时，供应商信息属于（　　）项辅助核算。

    A. 往来单位   B. 部门   C. 项目   D. 存货

6. 关于财税共享服务中心理票岗员工的工作流程，下列描述中错误的是（　　）。

    A. 签收票据——票据整理和票据电子影像——票据采集——票据装订——票据存档

    B. 签收票据——票据整理和票据电子影像——票据采集——票据识别与分类和票据校验——票据数字档案

    C. 签收票据——票据整理和票据电子影像——票据识别与分类和票据校验——票据采集——票据数字档案

    D. 代开发票——票据识别与分类和票据校验——票据数字档案

7. 北京元盛商贸有限公司（增值税一般纳税人）与财税共享服务中心双方签订的外包服务合同中，将票据整理进行外包。北京元盛商贸有限公司将收到的增值税专用发票交给财税共享服务中心，财税共享服务中心理票岗员工对发票进行查验，下列（　　）不是发票的审核要点。

    A. 购方税号   B. 销方税号

    C. 发票类型   D. 发票的开票人

8. 北京锦绣服装有限公司（增值税一般纳税人）与财税共享服务中心双方签订的外包服务合同中，将财务核算进行外包。财税共享服务中心人员收到采购类增值税专用发票，（　　）联作为购货单位付款的记账凭证。

  A. 存根联 B. 发票联 C. 税款抵扣联 D. 记账联

9. 财税共享服务中心涉税岗员工进行纳税申报时，对符合减免所得税额的企业，企业所得税年度纳税申报表当中"减免所得税额"的取数来自（　　）。

  A. 一般企业收入明细表 B. 一般企业成本支出明细表

  C. 期间费用明细表 D. 所得税减免优惠明细表

10. 北京北方物流有限公司将其工资单编制及发放工资的账务处理业务外包给财税共享服务中心办理，双方签订合同。下列（　　）不需要北京北方物流有限公司提供给财税共享服务中心。

  A. 人员信息表 B. 工资表

  C. 人员专项信息表 D. 科目余额表

二、多项选择题（每题 2 分，共 5 题，错选、不选均不得分）

11. 发票在上传成功后，需要对发票的真实性、合法性进行查验，查验时需要核对（　　）。

  A. 双方纳税人识别号 B. 发票代码

  C. 发票号码 D. 金额

12. 在进行业务核算时，要对相关的账套基本信息进行查看，在基础设置里面可以查看（　　）。

  A. 常用摘要设置 B. 科目期初余额

  C. 费用类型设置 D. 资产卡片设置

13. 财税共享服务中心员工进行费用类票据外包业务处理时，主要包括（　　）。

  A. 票据签收与分类 B. 票据扫描与识别

  C. 票据审查 D. 票据装订与归档

14. 企业取得的增值税电子普通发票可通过下列（　　）途径进行一致性查验。

  A. 电子发票服务平台

  B. 开票方网上营业厅

  C. 国家税务总局全国增值税发票查验平台

  D. 无须查验

15. 会计服务机构在接收客户所提供的费用类票据之前，要进行的准备工作有（　　）。

  A. 建立账套 B. 设置台账 C. 指定专员 D. 签订合同

三、判断题（每题 1 分，共 10 题，错答、不答均不得分）

16. 五险一金的缴纳，按照最新规定，养老保险单位最高缴纳比例

为 16%。　　　　　　　　　　　　　　　　　　　　　　（　　）

17. 在"智能工资"模块下，只需导入工资数额和人员基本信息，就可以直接计算出代扣代缴个人所得税税额。　　　　　　　　　（　　）

18. 票据的采集，不需要区分票据的类型，上传成功后，系统会自动识别，不需要再次审核票据归类是否正确。　　　　　　　　　（　　）

19. 票据在采集时，提示票据采集失败，应重新进行票据采集。
　　　　　　　　　　　　　　　　　　　　　　　　　　　（　　）

20. 原始凭证的要素至少包括原始凭证名称、填制原始凭证的日期、经济业务内容（含数量、单价、金额等）、记账标记和凭证附件。
　　　　　　　　　　　　　　　　　　　　　　　　　　　（　　）

21. 所有在"财天下"和"票天下"不能验证的票据只能通过新增凭证制单。　　　　　　　　　　　　　　　　　　　　　　　（　　）

22. 进入"金税师"平台财报界面，单击"调整项目"按钮，若提示"无调整项目"，则表明已导入财报的格式及科目与国家税务总局的要求相符。　　　　　　　　　　　　　　　　　　　　　　（　　）

23. 会计服务机构接收票据时，要按照法律法规和委托单位的制度进行审核，对于不真实、不合法、不完整、不规范的票据，服务机构人员有权不予接收，并向负责单位报告。　　　　　　　　　（　　）

24. 原始凭证都是以实际发生或完成的经济业务为依据而填制的。
　　　　　　　　　　　　　　　　　　　　　　　　　　　（　　）

25. 在审核差旅费时，只需检查报销费用总额，不必追踪到每个人的累计及预算金额。　　　　　　　　　　　　　　　　　　（　　）

四、操作题（40 分）

26. 北京强盛家具有限公司（以下简称"强盛公司"）是一家专门从事生产和销售 A 型储物柜、D 型衣橱的工业企业，公司法人代表为王曼丽。

开户银行：中国工商银行北京京华路支行

银行账户：6225887540917489288

纳税人识别号：91110105397106751D

公司地址：北京市朝阳区京华路 11 号

电话：010-67794296

公司将"采购、生产、销售业务核算"外包给财税共享服务中心，双方签订外包服务合同。每月 30 日将本月所有的票据移交到财税共享服务中心，强盛公司执行的内部会计制度如下。

（1）企业执行《企业会计准则》。

（2）企业经国家税务部门认定为增值税一般纳税人企业，增值税税率为 13%。

（3）存货采用实际成本法核算，发出采用移动加权平均法；周转材料采用一次摊销法；产成品发出采用全月一次加权平均法计算成本。

（4）采用平均年限法计提固定资产折旧。

（5）基本生产车间生产工人的职工薪酬（如职工工资、社会保险、住房公积金等）按生产工时比例法在各产品间进行分配，制造费用按生产工时比例法在各产品间进行分配。

（6）产品成本核算采用品种法，原材料在开始生产时一次投料，月末采用约当产量比例法将本月全部生产费用在完工产品与月末在产品之间进行分配，加工费用发生比较均衡，月末在产品完工程度为50%。

（7）销售与采购业务，无论是否收付款，均需要通过应收、应付科目核算；该公司不启用"智能工资"功能。

（8）会计核算中涉及的单位成本保留至小数点后两位，费用分配率保留至小数点后两位。

下面业务【26-1】至【26-16】的处理要求如下。

将每张纸质票据扫描形成独立的影像文件，并进行识别与查验；根据每笔业务的原始票据，自动生成记账凭证或手工编制记账凭证，同时进行存货、数量、客户和供应商辅助核算。（16分）

【26-1】1月1日，采购员向浙江兴凯有限责任公司购入原材料封边条100盘，不含税单价为270元/盘，当天收到订购的封边条100盘，经仓储部门检验没有质量问题，数量、规格符合合同标准，并将货物验收入库。收到浙江兴凯有限责任公司增值税专用发票一张，数量为100盘，价税合计30 510元。

材料入库单

购销合同

【26-2】1 月 4 日，采购员向北京远顺有限公司购入原材料成型板 600 张，不含税单价为 300 元/张。货物当天到达，验收全部合格入库。并收到增值税专用发票一张，依据发票开出一张 203 400 元转账支票，用于支付全部货款。

材料入库单

发票号码：67067504

供应单位：北京远顺有限公司　　　　　　收料单编号：

收发类别：采购入库　　　2020 年 01 月 04 日　　　收料仓库：原料库

编号	名称	规格	单位	数量		实际成本				
				应收	实收	买价		运杂费	其他	合计
						单价	金额			
202	成型板		张	600	600	300.00	180,000.00			180,000.00
	合　计			600	600		¥180,000.00			180,000.00
	备　注									

采购员：　　　　检验员：　　　　记账员：　　　　保管员：

中国工商银行
转账支票存根

10201120
29222559

附加信息

出票日期 2020 年 01 月 04 日

收款人： 北京远顺有限公司

金　额： ¥203,400.00

用　途： 支付货款

单位主管　　会计

【26-3】1月5日，采购员与浙江兴凯有限责任公司签订采购合同，购买储物柜配件100套，单价为220元/套；衣橱配件150套，单价为250元/套。当天储物柜配件和衣橱配件全部到货，并验收入库，并取得增值税专用发票一张，价税合计67 235元。

购销合同

合同编号 73016846

购货单位（甲方）： 北京强盛家具有限公司
供货单位（乙方）： 浙江兴凯有限责任公司

根据《中华人民共和国合同法》及国家相关法律、法规之规定，甲乙双方本着平等互利的原则，就甲方购买乙方货物一事达成以下协议。

一、货物的名称、数量及价格：

货物名称	规格型号	单位	数量	单价	金额	税率	价税合计
储物柜配件	220*100	套	100	220.00	22,000.00	13%	24,860.00
衣橱配件	150*160	套	150	250.00	37,500.00	13%	42,375.00
合计（大写）陆万柒仟贰佰叁拾伍元整							67,235.00

二、交货方式和费用承担：交货方式：销货方送货 ，交货时间：2020年01月05日 前，交货地点：北京市朝阳区京华路11号 ，运费由 销货方 承担。

三、付款时间与付款方式：2020年1月6日开出3个月到期的商业承兑汇票

四、质量异议期：订货方对供货方的货物质量有异议时，应在收到货物后 7天 内提出，逾期视为货物质量合格。

五、未尽事宜经双方协商可修改或补充协议，与本合同具有同等效力。

六、本合同自双方签字、盖章之日起生效，本合同壹式贰份，甲乙双方各执壹份。

甲方（签章）：　　　　　　　　　　　　　乙方（签章）：

授权代表： 王曼丽 　　　　　　　　　　授权代表： 于畅
地　　址： 北京市朝阳区京华路11号 　　地　　址： 浙江省萧山区兵阳西里路47号
电　　话： 010-67794296 　　　　　　　电　　话： 0571-22009762
日　　期： 2020 年 01 月 05 日 　　　　日　　期： 2020 年 01 月 05 日

材料入库单

发票号码：56320087
供应单位：浙江兴凯有限责任公司
材料类别：采购入库　　　　　　　2020　年　01　月　05　日

收料单编号：18130083
收料仓库：原料库

编号	名称	规格	单位	数量		实际成本				
				应收	实收	买价		运杂费	合计	单位成本
						单价	金额			
3	储物柜配件		套	100	100	220.00	22,000.00		22,000.00	220.00
4	衣橱配件		套	150	150	250.00	37,500.00		37,500.00	250.00
	合　计			250	250		¥59,500.00		¥59,500.00	¥470.00
	备　注									

采购员：王行　　　检验员：赵忠　　　记账员：黄力　　　保管员：靳军

【26-4】1月6日，北京强盛家具有限公司财务部门开出转账支票一张，金额为30 510元，用于支付1月1日购买原材料的全部货款。

北京强盛家具有限公司　付款申请单

申请部门：供应部　　　　　　　　　　　　　　　　　　　2020　年　01　月　06　日

摘　要	支付浙江兴凯有限责任公司购入原材料封边条	合同编号	95118876	
合同金额	叁万零伍佰壹拾元整	已付金额		
付款金额	人民币（大写）　叁万零伍佰壹拾元整	¥ 30,510.00		
付款方式	☐ 现金　☑ 转账支票　☐ 银行汇票　☐ 银行承兑汇票　☐ 网银转账　☐ 电汇　☐ 银行本票　☐ 其他	用款日期	2020-01-06	
收款单位	浙江兴凯有限责任公司	领款人	王行	

总经理：王曼丽　　　财务部经理：　　　部门经理：　　　经办人：王行

中国工商银行
转账支票存根

10201120
23160055

附加信息

出票日期　2020　年　01　月　06　日

收款人：　浙江兴凯有限责任公司

金　额：　¥30,510.00

用　途：　支付货款

单位主管　　　会计

【26-5】1月6日，采购员与浙江兴凯有限责任公司商定，财务部开出一张3个月的商业承兑汇票，用于支付1月5日采购配件，金额为67 235元。

北京强盛家具有限公司 付款申请单

科技保障 高效学习

申请部门：供应部					2020 年 01 月 06 日	
摘　要	支付浙江兴凯有限责任公采购配件货款				合同编号	73016846
合同金额	陆万柒仟贰佰叁拾伍元整				已付金额	
付款金额	人民币（大写）陆万柒仟贰佰叁拾伍元整				￥ 67,235.00	
付款方式	☐现金　☐转账支票　☐银行汇票　☐银行承兑汇票 ☐网银转账　☐电汇　☐银行本票　☑其他				用款日期	2020-01-06
收款单位	浙江兴凯有限责任公司				领款人	王行
总经理：王曼丽		财务部经理：		部门经理：		经办人：王行

中国工商银行商业承兑汇票　2　10200060　06080119

出票日期（大写）　贰零贰零 年 零壹 月 零陆 日

付款人	全　称	北京强盛家具有限公司	收款人	全　称	浙江兴凯有限责任公司
	账　号	6225887540917489288		账　号	6225668320917480340
	开户银行	中国工商银行		开户银行	中国工商银行

出票金额 人民币（大写） 陆万柒仟贰佰叁拾伍元整　　亿千百十万千百十元角分 ￥ 6 7 2 3 5 0 0

汇票到期日（大写）贰零贰零年零肆月零伍日

交易合同号码 73016846

付款人行号 6225887540917489288

开户行地址 北京市朝阳区京华路11号

承兑人签章　　承兑日期 2020 年 04 月 05 日

出票人签章

【26-6】1 月 6 日，销售员与上海星辰有限责任公司签订销售合同，销售 A 型储物柜 230 个，不含税单价为 3 800 元/个，销售 D 型衣橱 290 个，不含税单价为 4 500 元/个，税率均为 13%，货物当天发出，根据合同价款开出增值税专用发票。

购 销 合 同

科技保障 高效学习

合同编号 67349156

购货单位（甲方）：上海星辰有限责任公司

供货单位（乙方）：北京强盛家具有限公司

根据《中华人民共和国合同法》及国家相关法律、法规之规定，甲乙双方本着平等互利的原则，就甲方购买乙方货物一事达成以下协议：

一、货物的名称、数量及价格：

货物名称	规格型号	单位	数量	单价	金额	税率	价税合计
A型储物柜	1800*2300	个	230	3,800.00	874,000.00	13%	987,620.00
D型衣橱	3000*1800	个	290	4,500.00	1,305,000.00	13%	1,474,650.00
合计（大写）：贰佰肆拾陆万贰仟贰佰柒拾整							2,462,270.00

二、交货方式和费用负担：交货方式：购货方自行提货　　交货时间：2020年01月06日　前
交货地点：上海市闵行区亦庄开发区永兴路33号，运费由 购买方 承担。
三、付款时间与付款方式：2020年1月13日以转账支票支付货款

四、质量异议期：订货方对餐货的货物质量有异议时，应在收到货物后 7天 提出，逾期视为货物量合格。

五、未尽事宜经双方协商可以达成协议，与本体合同具有同等效力。

六、本合同自双方签字、盖章之日起生效，本合同壹式贰份，甲乙双方各执壹份。

甲方（签章）：　　　　　　　　　　乙方（签章）：

授权代表：王华　　　　　　　　　　授权代表：王曼丽

地　址：上海市闵行区亦庄开发区永兴路33号　地　址：北京市朝阳区京华路11号

电　话：021-88787331　　　　　　电　话：010-67794296

日　期：2020 年 01 月 06 日　　　日　期：2020 年 01 月 06 日

北京增值税专用发票 № 78667317

1100151140

机器编号：98288812388

此联不作报销、扣税凭证使用

开票日期：2020年01月06日

购买方	名 称：上海星辰有限责任公司 纳税人识别号：100199511432165479 地 址、电 话：上海市闵行区亦庄开发区永兴路33号 开户行及账号：中国工商银行新华大街支行76452891006711308	密码区	172312-4-275 <1+46*54* 82*59* 181321> <9182*59*09618153 </ < 4 < 3*2702-9 > 9*+153 </ > 2-3 < 08/4 > *> > 2-3*0/9/ > 25-271 < 1

货物或应税劳务、服务名称	规格型号	单位	数量	单价	金额	税率	税额
*家具*储物柜	A型	套	230	3,800.00	874,000.00	13%	113,620.00
*家具*衣橱	D型	套	290	4,500.00	1,305,000.00	13%	169,650.00
合　计					¥2,179,000.00		¥283,270.00

价税合计（大写）⊗ 贰佰肆拾陆万贰仟贰佰柒拾元整 （小写）¥2,462,270.00

销售方	名 称：北京强盛家具有限公司 纳税人识别号：91110105397106751D 地 址、电 话：北京市朝阳区京华路11号010-67794296 开户行及账号：中国工商银行北京京华支行6225887540917489288	校验码 12118 02917 0826 0592

收款人：　　复核：李雯　　开票人：梁娟　　销售方：（章）

出 库 单 No. 31261467

购货单位：上海星辰有限责任公司　　2020 年 01 月 06 日

编 号	品 名	规 格	单位	数 量	单 价	金 额	备 注
106	A型储物柜	1800*2300	个	230	3,800.00	874,000.00	无税单价
107	D型衣橱	3000*1800	个	290	4,500.00	1,305,000.00	无税单价
	合　计					2,179,000.00	

仓库主管：靳军　　记账：黄力　　保管：　　经手人：冯浩　　制单：马芳

【26-7】1 月 7 日，西宁广夏服装股份有限公司购入冬季工装服 20 套（劳保服装类），不含税单价为 650 元/套，收到增值税专用发票不含税价款 13 000 元，税金为 1 690 元。款项已通过转账支票支付，劳保服装已验收入库。（提示：入库的工装服计入"周转材料"会计科目核算）

购 销 合 同

合同编号 56842887

购货单位（甲方）：北京强盛家具有限公司
供货单位（乙方）：西宁广夏服装股份有限公司

根据《中华人民共和国合同法》及国家相关法律、法规之规定，甲乙双方本着平等互利的原则，就甲方购买乙方货物一事达成以下协议：

一、货物的名称、数量及价格：

货物名称	规格型号	单位	数量	单价	金额	税率	价税合计
冬季工装服		套	20	650.00	13,000.00	13%	14,690.00
合计（大写）壹万肆仟陆佰玖拾元整							14,690.00

二、交货方式和费用承担：交货方式：销货方送货　　交货时间：2020年01月07日　前。
交货地点：北京市朝阳区京华路11号　　运费由　销售方　承担。
三、付款时间与付款方式：货到付款

四、质量异议期：订货方对订货方货物质量有异议时，应在收到货物后7天内提出，逾期视为货物质量合格。
五、未尽事宜经双方协商可作为补充协议，与本合同具有同等效力。
六、本合同自双方签字、盖章时起生效，本合同壹式贰份，甲乙双方各执壹份。

甲方（签章）：　　　　　　　　乙方（签章）：
授权代表：王曼丽　　　　　　　授权代表：马克
地 址：北京市朝阳区京华路11号　地 址：西宁市城中区南湖街中山大山B1021室
电 话：010-67794296　　　　　电 话：0971-87542211
日 期：2020 年 01 月 07 日　　日 期：2020 年 01 月 07 日

北京增值税专用发票 № 64604275

1100151140
1100151140
64604275

机器编号：982888812388

开票日期：2020年01月07日

购买方		
名　　称：	北京强盛家具有限公司	
纳税人识别号：	91110105397106751D	
地址、电话：	北京市朝阳区京华路11号010-67794296	
开户行及账号：	中国工商银行北京京华路支行0225887540917489288	

密码区：
172312-4-275〈1*46*54* 82*59*
181321／〈8182*59*09618153〈／
〈4〈3*2702-9〉9*+153〈／0〉2-3
08/4〉〉2-3*0/9/〉25-275〈1

货物或应税劳务、服务名称	规格型号	单位	数量	单价	金额	税率	税额
*服装*工装服	冬季	套	20	650.00	13,000.00	13%	1,690.00
合　　计					￥13,000.00		￥1,690.00

价税合计（大写）　⊗壹万肆仟陆佰玖拾元整　（小写）￥14,690.00

销售方		
名　　称：	西宁广夏服装股份有限公司	
纳税人识别号：	106331279610130008D	
地址、电话：	西宁市城中区南滩街中山大山B1021室	
开户行及账号：	中国银行南滩街支行2008760536215407	

税验码 52118 0281 1828 0919

收款人：　　　复核：　　　开票人：

北京增值税专用发票 № 64604275

1100151140
1100151140
64604275

发票联

机器编号：982888812388

开票日期：2020年01月07日

购买方		
名　　称：	北京强盛家具有限公司	
纳税人识别号：	91110105397106751D	
地址、电话：	北京市朝阳区京华路11号010-67794296	
开户行及账号：	中国工商银行北京京华路支行0225887540917489288	

密码区：
172312-4-275〈1*46*54* 82*59*
181321／〈8182*59*09618153〈／
〈4〈3*2702-9〉9*+153〈／0〉2-3
08/4〉〉2-3*0/9/〉25-275〈1

货物或应税劳务、服务名称	规格型号	单位	数量	单价	金额	税率	税额
*服装*工装服	冬季	套	20	650.00	13,000.00	13%	1,690.00
合　　计					￥13,000.00		￥1,690.00

价税合计（大写）　⊗壹万肆仟陆佰玖拾元整　（小写）￥14,690.00

销售方		
名　　称：	西宁广夏服装股份有限公司	
纳税人识别号：	106331279610130008D	
地址、电话：	西宁市城中区南滩街中山大山B1021室	
开户行及账号：	中国银行南滩街支行2008760536215407	

税验码 52118 0281 1828 0919

收款人：　　　复核：　　　开票人：

采购入库单

入库单号：752034746　入库日期：2020-01-07　入库类型：采购入库　部门：采购部

供应商名称：西宁广夏服装股份有限公司　仓库名称：成品库　备注：工装服

发票号码	编码	存货名称	尺码	颜色	单位	数量	不含税价	金额
68441243	108	工装服	165-190	黑、紫	套	20.00	650.00	13,000.00
合计						20.00		13,000.00

记账：　　　复核：赵忠　　　仓库保管：靳军　　　采购员：王行

北京强盛家具有限公司　付款申请单

申请部门：供应部　　　2020 年 01 月 07 日

摘　　要	支付工装服货款		合同编号	56842887
合同金额	壹万肆仟陆佰玖拾元整		已付金额	
付款金额	人民币（大写）壹万肆仟陆佰玖拾元整			￥：14,690.00
付款方式	□现金　☑转账支票　□银行汇票　□银行承兑汇票 □网银转账　□电汇　□银行本票　□其他		用款日期	2020-01-07
收款单位	西宁广夏服装股份有限公司		领款人	

总经理：王曼丽　　　财务部经理：　　　部门经理：　　　经办人：王行

中国工商银行
转账支票存根

10200020
25142750

附加信息

出票日期 2020 年 01 月 07 日

收款人：**西宁广夏服装股份有限公司**

金 额：**¥14,690.00**

用 途：**支付工装服款**

单位主管　　会计 **黄力**

【26-8】1 月 8 日，生产部门生产 A 型储物柜和 D 型衣橱。其中 A 型储物柜领用成型板 600 张，单位成本为 300 元/张；领用封边条 75 盘，单位成本为 270 元/盘；领用储物柜配件 300 套，单位成本为 220 元/套；D 型衣橱领用成型板 700 张，单位成本为 300 元/张；领用封边条 84 盘，单位成本为 270 元/盘；领用衣橱配件 280 套，单位成本为 250 元/套。

领 料 单

领料部门：生产部门-储物柜生产车间

用 途：　　　　2020 年 01 月 08 日　　　　编号：191

材料编号	材料名称	规格	计量单位	数量		成本	
				请领	实发	单价	金额
101	成型板		张	600	600	300.00	180,000.00
102	封边条		盘	75	75	270.00	20,250.00
103	储物柜配件		套	300	300	220.00	66,000.00
合　计				975	975		266,250.00

主管：　　记账：　　仓库主管：　　领料：　　发料：

领 料 单

领料部门：生产部门-衣橱生产车间

用 途：　　　　2020 年 01 月 08 日　　　　编号：192

材料编号	材料名称	规格	计量单位	数量		成本	
				请领	实发	单价	金额
104	成型板		张	700	700	300.00	210,000.00
105	封边条		盘	84	84	270.00	22,680.00
106	衣橱配件		套	280	280	250.00	70,000.00
合　计				1064	1064		302,680.00

主管：　　记账：　　仓库主管：　　领料：　　发料：

【26-9】1 月 12 日，将 1 月 7 日购入的冬季工装服不含税金额 13 000 元，分发给在职员工。其中，办公室 4 件，财务部 3 件，生产部 6 件，

销售部2件，采购部2件，仓管部2件，质检部1件。

请完成手工记账。

出 库 单　　No. 74134413

科技伴随 高效学习

购货单位：办公室　　　　　2020 年 01 月 12 日

编号	品 名	规 格	单位	数 量	单价	金 额	备 注
109	工装服		套	4	650.00	2,600.00	
		合　　计				2,600.00	

仓库主管：　　　　记账：　　　　保管：　　　　经手人：　　　　制单：

第一联 存根联

出 库 单　　No. 74134414

科技伴随 高效学习

购货单位：财务部　　　　　2020 年 01 月 12 日

编号	品 名	规 格	单位	数 量	单价	金 额	备 注
109	工装服		套	3	650.00	1,950.00	
		合　　计				1,950.00	

仓库主管：　　　　记账：　　　　保管：　　　　经手人：　　　　制单：

第一联 存根联

出 库 单　　No. 74134415

科技伴随 高效学习

购货单位：生产部　　　　　2020 年 01 月 12 日

编号	品 名	规 格	单位	数 量	单价	金 额	备 注
109	工装服		套	6	650.00	3,900.00	
		合　　计				3,900.00	

仓库主管：　　　　记账：　　　　保管：　　　　经手人：　　　　制单：

第一联 存根联

出 库 单　　No. 74134416

科技伴随 高效学习

购货单位：销售部　　　　　2020 年 01 月 12 日

编号	品 名	规 格	单位	数 量	单价	金 额	备 注
109	工装服		套	2	650.00	1,300.00	
		合　　计				1,300.00	

仓库主管：　　　　记账：　　　　保管：　　　　经手人：　　　　制单：

第一联 存根联

科技伴随 高效学习

出 库 单　　No. 74134417

购货单位：采购部　　　　2020 年 01 月 12 日

编号	品　名	规　格	单位	数量	单价	金　额	备注
109	工装服		套	2	650.00	1,300.00	
	合　　计					1,300.00	

第一联 存根联

仓库主管：　　　　记账：　　　　保管：　　　　经手人：　　　　制单：

科技伴随 高效学习

出 库 单　　No. 74134418

购货单位：仓管部　　　　2020 年 01 月 12 日

编号	品　名	规　格	单位	数量	单价	金　额	备注
109	工装服		套	2	650.00	1,300.00	
	合　　计					1,300.00	

第一联 存根联

仓库主管：　　　　记账：　　　　保管：　　　　经手人：　　　　制单：

科技伴随 高效学习

出 库 单　　No. 74134419

购货单位：质检部　　　　2020 年 01 月 12 日

编号	品　名	规　格	单位	数量	单价	金　额	备注
109	工装服		套	1	650.00	650.00	
	合　　计					650.00	

第一联 存根联

仓库主管：　　　　记账：　　　　保管：　　　　经手人：　　　　制单：

【26-10】1 月 13 日，收到上海星辰有限责任公司转账支票一张，金额为 2 462 270 元，款项已存入银行。

中国工商银行 转账支票　　10200020　14185985

出票日期（大写）　贰零贰零 年 零壹 月 壹拾叁 日	付款行名称：中国工商银行新华大街支行	
收款人：北京强盛家具有限公司	出票人账号：76452891006711308	

人民币（大写）	贰佰肆拾陆万贰仟贰佰柒拾元整	亿 千 百 十 万 千 百 十 元 角 分
		￥ 2 4 6 2 2 7 0 0 0

密码　7208708166266431

用途

上列款项请从
我账户内支付
出票人签章

复核　　　　记账

131

错题笔记

中国工商银行 **进账单（回　　　单）** 1

2020 年 01 月 13 日　　　№ 06701806

出票人	全称	上海星辰有限责任公司	收款人	全称	北京强盛家具有限公司
	账号	76452891006711308		账号	6225887540917489288
	开户银行	中国工商银行新华大街支行		开户银行	中国工商银行北京京华路支行

金额	人民币（大写）	贰佰肆拾陆万贰仟贰佰柒拾元整	亿 千 百 十 万 千 百 十 元 角 分
			￥ 2 4 6 2 2 7 0 0 0

票据种类	转账支票	票据张数	1
票据号码	87292733		

中国工商银行北京市
京华路支行
2020.01.13
转讫

复核　　　记账

开户银行签章

北联是开户银行交给持（出）票人的回单

【26-11】1 月 22 日，计提本月固定资产折旧，采用平均年限法。厂房计提 2 638.89 元、封边机计提 6 870.83 元、打孔机计提 808.33 元、推台锯计提 2 425 元。

【26-12】1 月 22 日，计提本月工资汇总表如下。

工资汇总表

项目	人数	基本工资	奖励	工资合计
办公室	4	32 750.00	8 500.00	41 250.00
财务部	3	16 000.00	2 500.00	18 500.00
销售部	2	11 750.00	2 000.00	13 750.00
生产部	6	48 250.00	4 000.00	52 250.00
采购部	2	13 200.00	1 000.00	14 200.00
仓管部	2	12 000.00	1 200.00	13 200.00
质检部	1	6 000.00	500.00	6 500.00
合计	20	139 950.00	19 700.00	159 650.00

【26-13】1 月 22 日，计提本月五险一金汇总表如下。

五险一金汇总表

人员类别	五险一金工资基数	养老保险费（16%）	医疗保险费（10%）	失业保险费（0.8%）	工伤保险费（0.2%）	生育保险费（0.8%）	住房公积金（12%）	合计
办公室	32 750.00	5 240.00	3 275.00	262.00	65.50	262.00	3 930.00	13 034.50
财务部	16 000.00	2 560.00	1 600.00	128.00	32.00	128.00	1 920.00	6 368.00
销售部	11 750.00	1 880.00	1 175.00	94.00	23.50	94.00	1 410.00	4 676.50
生产部	48 250.00	7 720.00	4 825.00	386.00	96.50	386.00	5 790.00	19 203.50
采购部	13 200.00	2 112.00	1 320.00	105.60	26.40	105.60	1 584.00	5 253.6
仓管部	12 000.00	1 920.00	1 200.00	96.00	24.00	96.00	1 440.00	4 776.00
质检部	6 000.00	960.00	600.00	48.00	12.00	48.00	720.00	2 388.00
合计	139 950.00	22 392.00	13 995.00	1 119.60	279.90	1 119.60	16 794.00	55 700.10

【26-14】1 月 23 日，成品库收到车间送达的当月生产完工入库的 A

型储物柜 140 个，D 型衣橱 140 个。

A 型储物柜

A 型储物柜	产量	直接材料	直接人工			制造费用	合计
			职工工资	社会保险费	住房公积金		
月初生产费用/元		53 250.00					53 250.00
本月生产费用/元		266 250.00	27 991.07	7 185.80	3 101.79	8 915.95	303 157.02
月初与本月费用合计数/元		319 500.00	27 991.07	7 185.80	3 101.79	29 269.50	387 048.16
期初在产品/个	30						
本期投产/个	150						
本期完工/个	140	140.00	140.00	140.00	140.00	140.00	
期末在产品（约当）/个	20	20.00	20.00	20.00	20.00	20.00	
总约当产量/个		160.00	160.00	160.00	160.00	160.00	
分配率（单位成本）/元		1 996.88	174.94	44.91	19.39	182.93	2 419.05
完工产品成本/元		279 563.20	24 491.60	6 287.40	2 714.60	25 610.20	338 667.00
月末在产品成本/元		39 936.80	3 499.47	898.40	387.19	3 659.30	48 381.16

D 型衣橱

D 型衣橱	产量	直接材料	直接人工			制造费用	合计
			职工工资	社会保险费	住房公积金		
月初生产费用/元		44 320.00					44 320.00
本月生产费用/元		302 680.00	24 258.93	6 227.70	2 688.21	7 727.15	334 666.08
月初与本月费用合计数/元		347 000.00	24 258.93	6 227.70	2 688.21	29 269.50	409 444.34
期初在产品/个	20						
本期投产/个	130						
本期完工/个	140	140.00	140.00	140.00	140.00	140.00	
期末在产品（约当）/个	10	10.00	10.00	10.00	10.00	10.00	
总约当产量/个		150.00	150.00	150.00	150.00	150.00	
分配率（单位成本）/元		2 313.33	161.73	41.52	17.92	195.13	2 729.63
完工产品成本/元		323 866.20	22 642.20	5 812.80	2 508.80	27 318.20	382 148.20
月末在产品成本/元		23 133.80	1 616.73	414.90	179.41	1 951.30	27 296.14

产 成 品 入 库 单

科技体随 高效学习

交库单位：生产车间　　　　2020 年 01 月 23 日

仓库：
编号：101

产品编号	产品名称	规格	计量单位	数量		单位成本	总成本	备注
				送检	实收			
5	储物柜	A型	套	140	140	2 419.05	338 667.00	
6	衣橱	D型	套	140	140	2 729.63	382 148.20	

仓库主管：　　　　保管员：　　　　记账：　　　　制单：

【26-15】1 月 25 日，销售员与武汉天辰有限责任公司签订销售合同，销售 A 型储物柜 260 个，不含税单价为 3 800 元/个，销售 D 型衣橱 160 个，不含税单价为 4 500 元/个，税率均为 13%，货物当天发出，根据合同价款开出增值税专用发票。

1100151140

北京 增值税专用发票 № 78667318

此联不作报销、扣税凭证使用

1100151140
78667318

开票日期：2020年01月25日

科技体随 高效学习

税号：[2016]×××号××××公司

购买方
名　称：武汉天辰有限责任公司
纳税人识别号：91110323397106751Z
地　址、电话：武汉市朝阳路77号
开户行及账号：中国农业银行状元路支行02258483209174806

密码区：
172312-4-275<1+46*54* 82*59*
181321>/ 8182*59*09618153</
<4<3*2702=9>9*153</ /0 >2-3
*08/4>/ >2-3*0/9/> 25-275<1

货物或应税劳务、服务名称	规格型号	单位	数量	单价	金额	税率	税额
*家具*储物柜	A型	套	260	3,800.00	988,000.00	13%	128,440.00
*家具*衣橱	D型	套	160	4,500.00	720,000.00	13%	93,600.00
合　计					¥1,708,000.00		¥222,040.00

第一联：记账联　销售方记账凭证

价税合计（大写）　⊗壹佰玖拾叁万零肆拾元整　　　（小写）¥1,930,040.00

销售方
名　称：北京强盛家具有限公司
纳税人识别号：91110105397106751D
地　址、电话：北京市朝阳区京华路11号010-67794296
开户行及账号：中国工商银行北京京华路支行62258875409174B9288

备注：
校验码 52118 02917 08249 05759
911101053971067510

收款人：　　　复核：李姿　　　开票人：梁娟

购 销 合 同

科技体随 高效学习

合同编号 49157937

购货单位（甲方）：　武汉天辰有限责任公司
供货单位（乙方）：　北京强盛家具有限公司

根据《中华人民共和国合同法》及国家相关法律、法规之规定，甲乙双方本着平等互利的原则，就甲方购买乙方货物一事达成以下协议：

一、货物的名称、数量及价格：

货物名称	规格型号	单位	数量	单价	金额	税率	价税合计
A型储物柜	1800*2300	个	260	3,800.00	988,000.00	13%	1,116,440.00
D型衣橱	3000*1800	个	160	4,500.00	720,000.00	13%	813,600.00
合计（大写）　壹佰玖拾叁万零肆拾元整							1,930,040.00

二、交货方式和费用承担：交货方式：销货方送货　　　交货时间：2020年01月25日　前，
交货地点：武汉市朝阳路长橙路77号　　　运费由　购买方　承担。

三、付款时间与付款方式：　2020年1月30日以转账支票支付

四、质量异议期：订货方对收货的货物质量有异议时，应在收到货物后　7天　内提出，逾期视为货物质量合格。

五、未尽事宜经双方协商可作补充协议，补充协议与本合同具有同等效力。

六、本合同自双方签章盖章之日起生效，本合同壹式贰份，甲乙双方各执壹份。

甲方（签章）：　　　　　　　　　　乙方（签章）：
授权代表：韩宇　　　　　　　　　　授权代表：王曼丽
地　址：武汉市朝阳区长橙路77号　　地　址：北京市朝阳区京华路11号
电　话：027-98700023　　　　　　电　话：010-67794296
日　期：2020 年 01 月 25 日　　　日　期：2020 年 01 月 25 日

出 库 单　　科技伴题 高效学习　　No.95651497

购货单位：武汉天辰有限责任公司　　2020 年 01 月 25 日

编 号	品 名	规 格	单位	数 量	单 价	金 额	备 注	
113	A型储物柜	1800*2300	个	260	3,800.00	988,000.00		第一联 存根联
114	D型衣橱	3000*1800	个	160	4,500.00	720,000.00		
	合　计					1,708,000.00		

仓库主管：靳军　　记账：黄力　　保管：　　经手人：陈浩　　制单：

【26-16】1 月 30 日，收到武汉天辰有限责任公司转账支票一张，金额为 1 930 040 元，款项已存入银行。

中国农业银行 转账支票　　10300020　90538294

出票日期（大写）　贰零贰零 年 零壹 月 零叁拾 日　　付款行名称：中国农业银行状元路支行

收款人：北京强盛家具有限公司　　出票人账号：62258483209174806

付款期限自出票之日起十天

人民币（大写）壹佰玖拾叁万零肆拾元整　　亿 千 百 十 万 千 百 十 元 角 分　　¥ 1 9 3 0 0 4 0 0 0

用途 支付货款　　密码 5843130099273219

上列款项请从我账户内支付

出票人签章　　复核　　记账

中国工商银行 进账单（回　单）1　　科技伴题 高效学习

2020 年 01 月 30 日　　No 02007609

出票人	全 称	武汉天辰有限责任公司	收款人	全 称	北京强盛家具有限公司	此联是开户银行交给持（出）票人的回单
	账 号	62258483209174806		账 号	62258875409174892288	
	开户银行	中国农业银行		开户银行	中国工商银行	

金额 人民币（大写）壹佰玖拾叁万零肆拾元整　　亿 千 百 十 万 千 百 十 元 角 分　　¥ 1 9 3 0 0 4 0 0 0

票据种类	转账支票	票据张数	1
票据号码	89188147		

中国工商银行　2020.01.30　转讫

复核　　记账　　开户银行签章

27. 北京橙光家具有限责任公司与财税共享服务中心双方签订的外包服务合同中，将"员工费用报销"进行外包。2020 年 1 月 15 日，财税共享服务中心接收北京橙光家具有限责任公司提供的费用报销业务单据，收到的增值税专用发票抵扣联由北京橙光家具有限责任公司另行保管，不做附件。

由财税共享服务中心理票岗员工王静负责公司"员工费用报销"业务，具体要求如下。

错题笔记

（1）使用票据管理云平台，采集票据影像文件。（5分）

（2）进行识别与校验、保存。（5分）

（3）为已识别票据选择票据类型。（4分）

北京市出租车统一发票

北京
TAXI RECEIPT

发 票 联

发票代码：111001481004

发票号码：83175206

发票查询电话：010-22843003

服务监督电话：010-84349073

书 写 无 效

车号：	京B-N3347
证号：	452520
日期：	2020 年 01 月 07 日
上车：	07:00
下车：	07:45
单价：	¥5.00
里程：	17.5
等候：	
金额：	¥87.50
卡号：	01000001
原额：	¥87.00000
余额：	

批号：64211489

北京市交通运输委员会
出租汽车发票专用章

28. 北京派桐贸易有限公司（以下简称"派桐贸易"）是一家 2019 年第四季度应纳税所得额为 23.41 万元，季初季末从业人数均为 4 人，季初资产总额为 50 万元、季末资产总额为 92.05 万元的商贸企业，纳税人类型为一般纳税人，公司法人代表为李晶晶。

2019 年 12 月将其纳税申报业务外包给财税共享服务中心办理，双方签订合同，合同约定按国家有关规定，负责公司纳税报表复核与申报业务。

公司名称：北京派桐贸易有限公司

纳税人识别号：91110103022542371D

开户银行：中国工商银行北京市丰台区大瓦窑支行

开户银行编号：0501

银行账户：6214336740132418078

地址：北京市丰台区大瓦窑 305 号

电话：010-58680819

邮箱：paitong@163.com

要求：请于 2020 年 1 月 15 日前，根据北京派桐贸易有限公司提供的账务数据，以报税员李明旭的身份为一般纳税人北京派桐贸易有限公

司进行 2019 年第四季度企业所得税纳税申报。（10 分）

五、综合题（30 分）

29. 北京强盛家具有限公司（以下简称"强盛公司"）是一家专门从事生产和销售 A 型储物柜、D 型衣橱的工业企业，公司法人代表王曼丽。北京强盛家具有限公司将"采购、生产、销售业务核算"外包给北京紫霖财税共享服务中心有限公司（以下简称"共享中心"），每月30 日将本月采购、生产、销售业务相关票据移交给共享中心，收到的增值税专用发票抵扣联由北京强盛家具有限公司另行保管，不做附件，由共享中心会计核算岗对该外包业务进行财务核算。

公司开户银行：中国工商银行北京京华路支行

银行账户：6225887540917489288

纳税人识别号：91110105397106751D

公司地址：北京市朝阳区京华路 11 号

电话：010-67794296

公司将"采购、生产、销售业务核算"外包给财税共享服务中心，双方签订外包服务合同。每月 30 日将本月所有的票据移交到财税共享服务中心，强盛公司执行的内部会计制度如下。

（1）企业执行《企业会计准则》（2017 年）。

（2）企业经国家税务部门认定为增值税一般纳税人企业，增值税税率为 13%。

（3）存货采用实际成本法核算，发出采用移动加权平均法；周转材料采用一次摊销法；产成品发出采用全月一次加权平均法计算成本。

（4）采用平均年限法计提固定资产折旧。

（5）基本生产车间生产工人的职工薪酬（如职工工资、社会保险、住房公积金等）按生产工时比例法在各产品车间进行分配，制造费用按生产工时比例法在各产品车间进行分配。

（6）产品成本核算采用品种法，原材料在开始生产时一次投料，月末采用约当产量比例法将本月全部生产费用在完工产品与月末在产品之间进行分配，加工费用发生比较均衡，月末在产品完工程度为 50%。

（7）销售与采购业务，无论是否收付款，均需要通过应收、应付科目核算；该公司不启用"智能工资"功能。

（8）会计核算中涉及的单位成本保留小数点后两位，费用分配率保留小数点后两位。

要求：以共享中心会计核算岗的身份，对强盛公司 2020 年 1 月的采购、生产、销售业务进行财务处理。

（1）将每张纸质票据扫描形成独立的影像文件，并进行识别与查验。

（2）根据每笔业务的原始票据，自动生成记账凭证或手工编制记账凭证，同时进行存货、客户和供应商辅助核算以及相关科目的数量核算。

业务 1：采购原材料封边条。

业务 2：采购原材料成型板。

业务 3：采购原材料储物柜配件和衣橱配件。

业务 4：支付货款。

业务 5：支付货款。

业务 6：销售 A 型储物柜和 D 型衣橱。

业务 7：采购周转材料。

业务 8：领用原材料。

业务 9：领用周转材料。

业务 10：收到货款。

业务 11：计提本月固定资产折旧。

业务 12：计提本月工资。

业务 13：计提本月五险一金。

业务 14：产成品入库。

业务 15：销售 A 型储物柜和 D 型衣橱。

业务 16：收到货款。

【29-1】1 月 22 日，计提本月固定资产折旧，采用平均年限法。厂房计提 2 638.89 元、封边机计提 6 870.83 元、打孔机计提 808.33 元、推台锯计提 2 425 元，根据任务描述，请手工编制记账凭证。（1 分）

【29-2】1 月 22 日，计提本月工资汇总表如下表，根据原始票据，手工编制记账凭证。（1 分）

工资汇总表

项目	人数	基本工资（元）	奖励（元）	工资合计（元）
办公室	4	32 750.00	8 500.00	41 250.00
财务部	3	16 000.00	2 500.00	18 500.00
销售部	2	11 750.00	2 000.00	13 750.00
生产部	6	48 250.00	4 000.00	52 250.00
采购部	2	13 200.00	1 000.00	14 200.00
仓管部	2	12 000.00	1 200.00	13 200.00
质检部	1	6 000.00	500.00	6 500.00
合计	20	139 950.00	19 700.00	159 650.00

工资分配表

项目	职工工资（元）
A 型储物柜	27 991.07
D 型衣橱	24 258.93
合计	52 250.00

【29-3】1 月 22 日，计提本月五险一金汇总表如下表，根据原始票据，手工编制记账凭证。（2 分）

五险一金汇总表　　　　　　　　单位：元

人员类别	五险一金工资基数	养老保险费（16%）	医疗保险费（10%）	失业保险费（0.8%）	工伤保险费（0.2%）	生育保险费（0.8%）	住房公积金（12%）	合计
办公室	32 750.00	5 240.00	3 275.00	262.00	65.50	262.00	3 930.00	13 034.50
财务部	16 000.00	2 560.00	1 600.00	128.00	32.00	128.00	1 920.00	6 368.00
销售部	11 750.00	1 880.00	1 175.00	94.00	23.50	94.00	1 410.00	4 676.50
生产部	48 250.00	7 720.00	4 825.00	386.00	96.50	386.00	5 790.00	19 203.50
采购部	13 200.00	2 112.00	1 320.00	105.60	26.40	105.60	1 584.00	5 253.60
仓管部	12 000.00	1 920.00	1 200.00	96.00	24.00	96.00	1 440.00	4 776.00
质检部	6 000.00	960.00	600.00	48.00	12.00	48.00	720.00	2 388.00
合计	139 950.00	22 392.00	13 995.00	1 119.60	279.90	1 119.60	16 794.00	55 700.10

五险一金分配表　　　　　　　　单位：元

项目	社会保险费	住房公积金
A 型储物柜	7 185.80	3 101.79
D 型衣橱	6 227.70	2 688.21
合计	13 413.50	5 790.00

【29-4】1 月 23 日，成品库收到车间送达的当月生产完工入库的 A 型储物柜 140 个，D 型衣橱 140 个，根据原始票据，手工编制记账凭证。（2 分）

A 型储物柜

A 型储物柜	产量	直接材料	直接人工			制造费用	合计
			职工工资	社会保险费	住房公积金		
月初生产费用/元		53 250.00					53 250.00
本月生产费用/元		266 250.00	27 991.07	7 185.80	3 101.79	8 915.92	313 444.58
月初与本月费用合计数/元		319 500.00	27 991.07	7 185.80	3 101.79	8 915.92	366 694.58
期初在产品/个	30						
本期投产/个	150						
本期完工/个	140	140.00	140.00	140.00	140.00	140.00	
期末在产品/个	40	40.00	20.00	20.00	20.00	20.00	
总约当产量/个		180.00	160.00	160.00	160.00	160.00	
分配率（单位成本）/元		1775.00	174.94	44.91	19.39	55.72	2 069.96
完工产品成本/元		248 500.00	24 491.60	6 287.40	2 714.60	7 800.80	289 794.40
月末在产品成本/元		71 000.00	3 499.47	898.40	387.19	1 115.12	76 900.18

D 型衣橱

D 型衣橱	产量	直接材料	直接人工			制造费用	合计
			职工工资	社会保险费	住房公积金		
月初生产费用/元		44 320.00					44 320.00
本月生产费用/元		302 680.00	24 258.93	6 227.70	2 688.21	7 727.13	343 581.97
月初与本月费用合计数/元		347 000.00	24 258.93	6 227.70	2 688.21	7 727.13	387 901.97
期初在产品/个	20						
本期投产/个	130						
本期完工/个	140	140.00	140.00	140.00	140.00	140.00	
期末在产品/个	20	20.00	10.00	10.00	10.00	10.00	
总约当产量/个		160.00	150.00	150.00	150.00	150.00	
分配率（单位成本）/元		2 168.75	161.73	41.52	17.92	51.51	2 441.43
完工产品成本/元		303 625.00	22 642.20	5 812.80	2 508.80	7 211.40	341 800.20
月末在产品成本/元		43 375.00	1 616.73	414.90	179.41	515.73	46 101.77

产成品入库单

交库单位：生产车间　　　　2020 年 01 月 23 日　　　　仓库：　　编号：101

科技保障 高效学习

产品编号	产品名称	规格	计量单位	数量		单位成本	总成本	备注
				送检	实收			
5	储物柜	A型	套	140	140	2069.96	289794.40	
6	衣橱	D型	套	140	140	2441.43	341800.20	

仓库主管：　　　　保管员：　　　　记账：　　　　制单：

【29-5】1 月 25 日，销售员与武汉天辰有限责任公司签订销售合同，销售 A 型储物柜 260 个，不含税单价为 3 800 元/个，销售 D 型衣橱 160 个，不含税单价为 4 500 元/个，增值税税率均为 13%，货物当天发出，根据合同价款开出增值税专用发票，根据原始票据，自动生成一张记账凭证，并完善保存。（2 分）

购 销 合 同

合同编号 49157937

购货单位（甲方）： 武汉天辰有限责任公司
供货单位（乙方）： 北京强盛家具有限公司

根据《中华人民共和国合同法》及国家相关法律、法规之规定，甲乙双方本着平等互利的原则，就甲方购乙方货物一事达成以下协议。

一、货物的名称、数量及价格：

货物名称	规格型号	单位	数量	单价	金额	税率	价税合计
A型储物柜	1800*2300	个	260	3,800.00	988,000.00	13%	1,116,440.00
D型衣橱	3000*1800	个	160	4,500.00	720,000.00	13%	813,600.00
合计（大写）：壹佰玖拾叁万零肆拾元整							1,930,040.00

二、交货方式和费用承担：交货方式：销货方送货　　　　　交货时间：2020年01月25日　前，
交货地点：武汉市朝阳区长橙路77号　　　　　　，运费由　购买方　承担。

三、付款时间与付款方式：2020年1月30日以转账支票支付

四、质量异议期：订货方对供货方的货物质量有异议时，应在收到货物后　7天　期限提出，逾期视为货物质量合格。

五、未尽事宜经双方协商可作出补充协议，与本合同具有同等效力。

六、本合同自双方签字盖章之日起生效，本合同壹式贰份，甲乙双方各执壹份。

甲方（签章）：　　　　　　　　　　　　乙方（签章）：
授权代表： 韩宇　　　　　　　　　　　　授权代表： 王曼丽
地　址： 武汉市朝阳区长橙路77号　　　　地　址： 北京市朝阳区京华路11号
电　话： 027-98700023　　　　　　　　　电　话： 010-67794296
日　期： 2020 年 01 月 25 日　　　　　　日　期： 2020 年 01 月 25 日

1100151140　北京 增值税专用发票　№ 78667318

机器编号：98288812368

此联不作报销、扣税凭证使用

开票日期：2020年01月25日

货物或应税劳务、服务名称	规格型号	单位	数量	单价	金额	税率	税额
◇家具·储物柜	A型	盏	260	3,800.00	988,000.00	13%	128,440.00
◇家具·衣橱	D型	盏	160	4,500.00	720,000.00	13%	93,600.00
合　计					￥1,708,000.00		￥222,040.00

购买方 名称：武汉天辰有限责任公司
纳税人识别号：911103239710675l2
地址、电话：武汉市朝阳区长橙路77号
开户行及账号：中国农业银行状元路支行6225848320917480G

价税合计（大写）　⊗壹佰玖拾叁万零肆拾元整　　　（小写）￥1,930,040.00

销售方 名称：北京强盛家具有限公司
纳税人识别号：9111010539710675l0
地址、电话：北京市朝阳区京华路11号010-67794296
开户行及账号：中国工商银行北京京华路支行622588754091749288

收款人： 　　复核：李婆　　开票人：梁娟

校验码 52118 02617 092409 09152

出 库 单

No. 95651497

购货单位： 武汉天辰有限责任公司　　　　2020 年 01 月 25 日

编号	品名	规格	单位	数量	单价	金额	备注
113	A型储物柜	1800*2300	个	260	3,800.00	988,000.00	
114	D型衣橱	3000*1800	个	160	4,500.00	720,000.00	
	合　计					1,708,000.00	

仓库主管： 靳军　　记账： 黄力　　保管：　　经手人： 陈浩　　制单：

【29-6】1月1日，采购员向浙江兴凯有限责任公司购入原材料封边条 100 盘，不含税单价为 270 元/盘，当天收到订购的封边条 100 盘，经仓储部门检验没有质量问题，数量、规格符合合同标准，并将货物验

收入库。收到浙江兴凯有限责任公司开具的增值税专用发票一张，数量为 100 盘，价税合计 30 510 元，根据原始票据，自动生成一张记账凭证，并完善保存。（2 分）

购 销 合 同

合同编号 95118876

购货单位（甲方）：北京强盛家具有限公司
供货单位（乙方）：浙江兴凯有限责任公司

根据《中华人民共和国合同法》及国家相关法律、法规之规定，甲乙双方本着平等互利的原则，就甲方购买乙方货物一事达成以下协议。

一、货物的名称、数量及价格：

货物名称	规格型号	单位	数量	单价	金额	税率	价税合计
封边条		盘	100	270.00	27,000.00	13%	30,510.00
合计（大写）	叁万零伍佰壹拾元整						30,510.00

二、交货方式和费用承担：交货方式：销货方送货　，交货时间：2020年01月01日　前，
交货地点：北京市朝阳区京华路11号　，运费由　销售方　承担。

三、付款时间与付款方式：2020年1月5日以转账支票方式支付货款

四、质量异议期：订货方对货物的质量有异议时，应在收到货物后 7 天内提出，逾期视为货物质量合格。

五、未尽事宜经双方协商可作补充协议，补充协议与本合同具有同等效力。

六、本合同自双方签字盖章之日起生效，本合同壹式贰份，甲乙双方各执壹份。

甲方（签章）：　　　　　　　　　　乙方（签章）：
授权代表：王曼丽　　　　　　　　　授权代表：于畅
地　址：北京市朝阳区京华路11号　　地　址：浙江省萧山区兵阳西里路47号
电　话：010-67794296　　　　　　　电　话：0571-22009762
日　期：2020 年 01 月 01 日　　　　日　期：2020 年 01 月 01 日

浙江 增值税专用发票

3300151140
No 38000723
3300151140
38000723

机器编号：982888812388
开票日期：2020年01月01日

名称：北京强盛家具有限公司 纳税人识别号：91110105397106975IV 地址、电话：北京市朝阳区京华路11号010-67794296 开户行及账号：中国工商银行北京京华路支行622588754091748928B	密码区 172312-4-275〈1+46*54* 82*59* 181321〉〈8182*59*09518153〈/ *〈4*3*2702-9〉*9*153〈/0〉2-3 *08/4〈*〉*2-3*0/9/〉*25-275〈1

货物或应税劳务、服务名称	规格型号	单位	数量	单价	金额	税率	税额
密封性塑料 封边条		盘	100	270.00	27,000.00	13%	3,510.00
合　计					￥27,000.00		￥3,510.00

价税合计（大写）　⊗ 叁万零伍佰壹拾元整　　　（小写）￥30,510.00

名称：浙江兴凯有限责任公司 纳税人识别号：913453232188967751V 地址、电话：浙江省萧山区兵阳西里路47号0571-11586047 开户行及账号：中国工商银行兵阳西里支行622560832091748094D	备注

收款人：　　　　复核：　　　　开票人：

材料入库单

发票号码：00819815
供应单位：浙江兴凯有限责任公司
收发类别：采购入库　　2020　年　01　月　01　日
收料单编号：38130981
收料仓库：原料库

编号	名称	规格	单位	数量		实际成本				
				应收	实收	买价		运杂费	其他	合计
						单价	金额			
1	封边条		盘	100	100	270.00	27,000.00			27,000.00
合　计				100	100		￥27,000.00			￥27,000.00
备　注										

采购员：王行　　检验员：赵忠　　记账员：黄力　　保管员：靳军

【29-7】1月4日，采购员向北京远顺有限公司购入原材料成型板600张，不含税单价为300元/张。货物当天到达，验收全部合格入库。并收到增值税专用发票一张，依据发票开出一张203 400元转账支票，用于支付全部货款，根据原始票据，自动生成一张记账凭证，并完善保存。（2分）

购 销 合 同

合同编号 37562279

购货单位（甲方）： 北京强盛家具有限公司
供货单位（乙方）： 北京远顺有限公司

根据《中华人民共和国合同法》及国家相关法律、法规之规定，甲乙双方本着平等互利的原则，就甲方购买乙方货物一事达成以下协议：

一、货物的名称、数量及价格：

货物名称	规格型号	单位	数量	单价	金额	税率	价税合计
成型板	120*180	张	600	300.00	180,000.00	13%	203,400.00
合计（大写）贰拾万叁仟肆佰元整							203,400.00

二、交货方式和费用承担：交货方式：销货方送货 ，交货时间2020年01月04日 前，交货地点：北京市朝阳区京华路11号 ，运费由 销货方 承担。

三、付款时间与付款方式：2020年1月4日转账支票支付货款

四、质量异议期：订货方对所购的货物质量有异议时，应在收到货物后 7天 内提出，逾期视为货物质量合格。

五、未尽事宜经双方协商可作附件协议，与本合同具有同等效力。

六、本合同自双方签字盖章之日起生效，本合同壹式贰份，甲乙双方各执壹份。

甲方（签章）： 乙方（签章）：

授权代表： 王曼丽 授权代表： 胡俊
地 址： 北京市朝阳区京华路11号 地 址： 北京市顺义区牛栏山一路8号
电 话： 010-67794296 电 话： 010-87690901
日 期： 2020 年 01 月 04 日 日 期： 2020 年 01 月 04 日

材料入库单

发票号码：67067504
供应单位：北京远顺有限公司
收发类别：采购入库 2020 年 01 月 04 日
收料单编号：
收料仓库：原料库

编号	名称	规格	单位	数量		实际成本				
				应收	实收	买价		运杂费	其他	合计
						单价	金额			
202	成型板		张	600	600	300.00	180,000.00			180,000.00
	合 计			600	600		¥180,000.00			180,000.00
	备 注									

采购员： 检验员： 记账员： 保管员：

中国工商银行
转账支票存根

10201120
29222559

附加信息

_____

_____

出票日期 2020 年 01 月 04 日

收款人:	北京远顺有限公司
金　额:	¥203,400.00
用　途:	支付货款

单位主管　　　　会计

【29-8】1 月 5 日，采购员与浙江兴凯有限责任公司签订采购合同，购买储物柜配件 100 套，单价为 220 元/套；衣橱配件 150 套，单价为 250 元/套。当天储物柜配件和衣橱配件全部到货，并验收入库，同时取得增值税专用发票一张，价税合计 67 235 元，根据原始票据，自动生成一张记账凭证，并完善保存。(2 分)

购 销 合 同

合同编号 73016846

购货单位(甲方): 北京强盛家具有限公司
供货单位(乙方): 浙江兴凯有限责任公司

根据《中华人民共和国合同法》及国家相关法律、法规之规定，甲乙双方本着平等互利的原则，就甲方购买乙方货物一事达成以下协议:

一、货物的名称、数量及价格:

货物名称	规格型号	单位	数量	单价	金额	税率	价税合计
储物柜配件	220*100	套	100	220.00	22,000.00	13%	24,860.00
衣橱配件	150*160	套	150	250.00	37,500.00	13%	42,375.00
合计(大写): 陆万柒仟贰佰叁拾伍元整							67,235.00

二、交货方式和费用承担: 交货方式: 销货方送货 ，交货时间: 2020年01月05日 前，
交货地点: 北京市朝阳区京华路11号 ，运费由 销货方 承担。
三、付款时间与付款方式: 2020年1月6日开出3个月到期的商业承兑汇票

四、质量异议期: 订货方对所购货物的货物质量有异议时，应在收到货物后 7天 提出，逾期视为货物质量合格。

五、未尽事宜经双方协商可作出补充协议，与本合同具有同等效力。

六、本合同自双方签字盖章之日起生效，本合同壹式贰份，甲乙双方各执壹份。

甲方(签章):　　　　　　　　　　乙方(签章):

授权代表: 王曼丽　　　　　　　　授权代表: 于畅
地　　址: 北京市朝阳区京华路11号　地　　址: 浙江省萧山区兵阳西里路47号
电　　话: 010-67794296　　　　　电　　话: 0571-22009762
日　　期: 2020 年 01 月 05 日　　日　　期: 2020 年 01 月 05 日

浙江增值税专用发票

材料入库单

编号	名称	规格	单位	数量		实际成本				
				应收	实收	买价		运杂费	其他	合计
						单价	金额			
3	储物柜配件		套	100	100	220.00	22,000.00		22,000.00	220.0000
4	衣橱配件		套	150	150	250.00	37,500.00		37,500.00	250.0000
	合　计			250	250		¥59,500.00		¥59,500.00	¥238.0000
	备　注									

采购员：王行　　　　检验员：赵忠　　　　记账员：黄力　　　　保管员：靳军

【29-9】1月6日，财务部开出转账支票一张，金额为30 510元，用于支付1月1日购买原材料的全部货款，根据原始票据，手工编制记账凭证。（2分）

中国工商银行
转账支票存根

北京强盛家具有限公司　付款申请单

【29-10】1月6日，采购员与浙江兴凯有限责任公司商定，财务部开出一张 3 个月的商业承兑汇票，用于支付 1 月 5 日采购配件，金额为 67 235 元，根据原始票据，手工编制记账凭证。（2分）

北京强盛家具有限公司 付款申请单

申请部门：	供应部			2020 年 01 月 06 日
摘 要	支付浙江兴凯有限责任公司采购货款		合同编号	73016846
合同金额	陆万柒仟贰佰叁拾伍元整		已付金额	
付款金额	人民币（大写） 陆万柒仟贰佰叁拾伍元整			￥67,235.00
付款方式	□现金 □转账支票 □银行汇票 □银行承兑汇票 □网银转账 □电汇 □银行本票 ☑其他		用款日期	2020-01-06
收款单位	浙江兴凯有限责任公司		领款人	王行
总经理：王曼丽	财务部经理：	部门经理：		经办人：王行

中国工商银行 商业承兑汇票（卡 片） 1 10200060 06080119

出票日期（大写）：贰零贰零 年 零壹 月 零陆 日

付款人	全 称	北京强盛家具有限公司	收款人	全 称	浙江兴凯有限责任公司
	账 号	6225887540917489288		账 号	6225668320917480340
	开户银行	中国工商银行		开户银行	中国工商银行

出票金额（大写）：人民币 陆万柒仟贰佰叁拾伍元整　亿千百十万千百十元角分 ￥6 7 2 3 5 0 0

汇票到期日（大写）：贰零贰零年零肆月零伍日

付款人开户行：6225887540917489288　地址：北京市朝阳区京华路11号

交易合同号码：73016846

出票人签章

【29-11】1月6日，销售员与上海星辰有限责任公司签订销售合同，销售 A 型储物柜 230 个，不含税单价为 3 800 元/个，销售 D 型衣橱 290 个，不含税单价为 4 500 元/个，增值税税率均为 13%，增值税专用发票已开具，货物当天发出，根据原始票据，自动生成一张记账凭证，并完善保存。（2分）

购 销 合 同

合同编号 67349156

购货单位（甲方）： 上海星辰有限责任公司
供货单位（乙方）： 北京强盛家具有限公司

根据《中华人民共和国合同法》及国家相关法律、法规之规定，甲乙双方本着平等互利的原则，就甲方购买乙方货物一事达成以下协议。

一、货物的名称、数量及价格：

货物名称	规格型号	单位	数量	单价	金额	税率	价税合计
A型储物柜	1800*2300	个	230	3,800.00	874,000.00	13%	987,620.00
D型衣橱	3000*1800	个	290	4,500.00	1,305,000.00	13%	1,474,650.00
合计（大写）：贰佰肆拾陆万贰仟贰佰柒拾元整							2,462,270.00

二、交货方式和承担：交货方式：购货方自行提货　交货时间：2020年01月06日 前，交货地点：上海市闵行区亦庄开发区永兴路33号，运费由 购买方 承担。

三、付款时间与付款方式：2020年1月13日以转账支票支付货款

四、质量异议期：订货方对货物质量有异议时，应在收到货物后 7天 身提出，逾期视为货物质量合格。

五、未尽事宜经双方协商可作为补充协议，与本合同具有同等效力。

六、本合同自双方签字、盖章之日起生效，本合同壹式贰份，甲乙双方各执壹份。

甲方（签章）：　　　　　　　　　　乙方（签章）：
授权代表：王华　　　　　　　　　　授权代表：王曼丽
地　址：上海市闵行区亦庄开发区永兴路33号　地　址：北京市朝阳区京华路11号
电　话：021-88787331　　　　　　电　话：010-67794296
日　期：2020 年 01 月 06 日　　　　日　期：2020 年 01 月 06 日

【29-12】1 月 7 日，在西宁广夏服装股份有限公司购入冬季工装服 20 套（劳保服装类），不含税为 650 元/套，收到增值税专用发票不含税价款 13 000 元，税金 1 690 元。款项已通过转账支票支付，劳保服装已验收入库，根据原始票据，自动生成一张记账凭证，并完善保存。（提示：入库的工装服计入"周转材料"会计科目核算）（2 分）

青海增值税专用发票 发票联

6300151140　No 64604275
机器编号：982988812388
开票日期：2020年01月07日

税 购买方	名 称：北京强盛家具有限公司 纳税人识别号：91110105397106751D 地 址、电话：北京市朝阳区北京华路11号010-67794296 开户行及账号：中国工商银行北京京华路支行622588754091748 9288	密码区	172312-4-275〈1*46*54* 82*59* 181321〈>8182*59*09618153〈/ 〈4〈3*2702-9〉9*+153〈/0〉2-3 *08/4/〉>2-3*0/9/〉>25-275〈1

货物或应税劳务、服务名称	规格型号	单位	数量	单价	金 额	税率	税 额
*服装*工装服	冬季	套	20	650.00	13,000.00	13%	1,690.00
合　计					¥13,000.00		¥1,690.00

价税合计（大写）　⊗ 壹万肆仟陆佰玖拾元整　　（小写）¥14,690.00

销售方	名 称：西宁广夏服装股份有限公司 纳税人识别号：10633127961013008D 地 址、电话：西宁市城中区南湖街中山大山B1021室0971-55836579 开户行及账号：中国银行南湖街支行200876053062195407	备注	税验码 63018 02817

收款人：　　　　复核：　　　　开票人：

中国工商银行
转账支票存根

10200020
25142750

附加信息 _____

出票日期 **2020** 年 **01** 月 **07** 日

收款人：西宁广夏服装股份有限公司

金 额：¥14,690.00

用 途：支付工装服货款

单位主管　　　会计 黄力

北京强盛家具有限公司　付款申请单

申请部门：供应部　　　　　　　　　　　　　2020 年 01 月 07 日

摘 要	支付工装服货款		合同编号	56842887
合同金额	壹万肆仟陆佰玖拾元整		已付金额	
付款金额	人民币（大写）　壹万肆仟陆佰玖拾元整			￥：14,690.00
付款方式	☐ 现金　　　☑ 转账支票　　☐ 银行汇票　　☐ 银行承兑汇票	用款日期		2020-01-07
	☐ 网银转账　☐ 电汇　　　　☐ 银行本票　　☐ 其他			
收款单位	西宁广夏服装股份有限公司		领款人	

总经理：王曼丽　　　财务部经理：　　　　部门经理：　　　　经办人：王行

采购入库单

入库单号：752034746　　入库日期：2020-01-07　　入库类型：采购入库　　部门：采购部
供应商名称：西宁广夏服装股份有限公司　　仓库名称：成品库　　备注：工装服

发票号码	编码	存货名称	尺码	颜色	单位	数量	不含税价	金额
68441243	108	工装服	165-190	黑、紫	套	20.00	650.00	13,000.00
合计						20.00		13,000.00

记账：　　　　复核：赵忠　　　　仓库保管：靳军　　　　采购员：王行

错题笔记

【29-13】1月8日，生产部门为生产 A 型储物柜和 D 型衣橱。A 型储物柜领用成型板 600 张，单位成本为 300 元/张；领用封边条 75 盘，单位成本为 270 元/盘；领用储物柜配件 300 套，单位成本为 220 元/套；D 型衣橱领用成型板 700 张，单位成本为 300 元/张；领用封边条 84 盘，单位成本为 270 元/盘；领用衣橱配件 280 套，单位成本为 250 元/套，根据原始票据，手工编制记账凭证。（2 分）

领 料 单

科技伴随 高效学习

领料部门：生产部门-储物柜生产车间

用　途：　　　　　　　　　　　　2020 年 01 月 08 日　　　　　　编号：191

材料编号	材料名称	规格	计量单位	数量		成本	
				请领	实发	单价	金额
101	成型板		张	600	600	300.00	180,000.00
102	封边条		盘	75	75	270.00	20,250.00
103	储物柜配件		套	300	300	220.00	66,000.00
	合　计			975	975		266,250.00

主管：　　　　记账：　　　　仓库主管：　　　　领料：　　　　发料：

领 料 单

科技伴随 高效学习

领料部门：生产部门-衣橱生产车间

用　途：　　　　　　　　　　　　2020 年 01 月 08 日　　　　　　编号：192

材料编号	材料名称	规格	计量单位	数量		成本	
				请领	实发	单价	金额
104	成型板		张	700	700	300.00	210,000.00
105	封边条		盘	84	84	270.00	22,680.00
106	衣橱配件		套	280	280	250.00	70,000.00
	合　计			1064	1064		302,680.00

主管：　　　　记账：　　　　仓库主管：　　　　领料：　　　　发料：

【29-14】1月12日，将1月7日购入的冬季工装服不含税金额13 000元，分发给在职员工。其中，办公室4件，财务部3件，生产部6件，销售部2件，采购部2件，仓管部2件，质检部1件，根据原始票据，手工编制记账凭证。（2 分）

出 库 单

科技伴随 高效学习

No. 74134413

购货单位：办公室　　　　　　　　2020 年 01 月 12 日

编号	品名	规格	单位	数量	单价	金额	备注
109	工装服		套	4	650.00	2,600.00	
	合　计					2,600.00	

第一联 存根联

仓库主管：　　　　记账：　　　　保管：　　　　经手人：　　　　制单：

出 库 单

科技伴随 高效学习

No. 74134414

购货单位：财务部   2020 年 01 月 12 日

编 号	品 名	规 格	单位	数 量	单 价	金 额	备 注
109	工装服		套	3	650.00	1,950.00	
合　计						1,950.00	

第一联 存根联

仓库主管：　　　　记账：　　　　保管：　　　　经手人：　　　　制单：

出 库 单

科技伴随 高效学习

No. 74134415

购货单位：生产部   2020 年 01 月 12 日

编 号	品 名	规 格	单位	数 量	单 价	金 额	备 注
109	工装服		套	6	650.00	3,900.00	
合　计						3,900.00	

第一联 存根联

仓库主管：　　　　记账：　　　　保管：　　　　经手人：　　　　制单：

出 库 单

科技伴随 高效学习

No. 74134416

购货单位：销售部   2020 年 01 月 12 日

编 号	品 名	规 格	单位	数 量	单 价	金 额	备 注
109	工装服		套	2	650.00	1,300.00	
合　计						1,300.00	

第一联 存根联

仓库主管：　　　　记账：　　　　保管：　　　　经手人：　　　　制单：

出 库 单

科技伴随 高效学习

No. 74134417

购货单位：采购部   2020 年 01 月 12 日

编 号	品 名	规 格	单位	数 量	单 价	金 额	备 注
109	工装服		套	2	650.00	1,300.00	
合　计						1,300.00	

第一联 存根联

仓库主管：　　　　记账：　　　　保管：　　　　经手人：　　　　制单：

错题笔记

出　库　单　　　No. 74134418

科技伴随 高效学习

购货单位：仓管部　　　　2020 年 01 月 12 日

编　号	品　名	规　格	单位	数量	单价	金　额	备　注
109	工装服		套	2	650.00	1,300.00	
	合　　计					1,300.00	

仓库主管：　　　记账：　　　保管：　　　经手人：　　　制单：

第一联 存根联

出　库　单　　　No. 74134419

科技伴随 高效学习

购货单位：质检部　　　　2020 年 01 月 12 日

编　号	品　名	规　格	单位	数量	单价	金　额	备　注
109	工装服		套	1	650.00	650.00	
	合　　计					650.00	

仓库主管：　　　记账：　　　保管：　　　经手人：　　　制单：

第一联 存根联

【29-15】1 月 30 日，收到武汉天辰有限责任公司转账支票一张，金额为 1 930 040 元，款项已存入银行，根据原始票据，手工编制记账凭证。（2 分）

中国工商银行 进账单（回　单）　1　№ 02007609

2020 年 01 月 30 日

	全　称	武汉天辰有限责任公司		全　称	北京强盛家具有限公司
出票人	账　号	62258483209174806	收款人	账　号	6225887540917489288
	开户银行	中国农业银行		开户银行	中国工商银行

人民币（大写）　壹佰玖拾叁万零肆拾元整

亿	千	百	十	万	千	百	十	元	角	分
		￥	1	9	3	0	0	4	0	0

票据种类：转账支票　　　票据张数：1

票据号码：89188147

中国工商银行
2020.01.30
转讫

复核　　　记账　　　开户银行签章

此联是开户银行交给持（出）票人的回单

【29-16】1 月 13 日，收到上海星辰有限责任公司转账支票一张，金额为 2 462 270 元，款项已存入银行，根据原始票据，手工编制记账凭证。（2 分）

中国工商银行 进账单（回　单）　1　№ 06701806

科技伴随 高效学习

2020 年 01 月 13 日

	全　称	上海星辰有限责任公司		全　称	北京强盛家具有限公司
出票人	账　号	76452891006711308	收款人	账　号	6225887540917489288
	开户银行	中国工商银行新华大街支行		开户银行	中国工商银行北京市京华路支行

人民币（大写）　贰佰肆拾陆万贰仟贰佰柒拾元整

亿	千	百	十	万	千	百	十	元	角	分
		￥	2	4	6	2	2	7	0	0

票据种类：转账支票　　　票据张数：1

票据号码：87292733

中国工商银行北京市
京华路支行
2020.01.13
转讫

复核　　　记账　　　开户银行签章

此联是开户银行交给持（出）票人的回单

三、智能财税下册样题

一、单项选择题（每题 1 分，共 10 题，错选、不选均不得分）

1. 企业日常库存现金的限额通常由开户银行核定，若某企业日常平均现金支出为 1 万元，一般情况下，该企业库存现金的限额应为（　　）元。

　　A. 1 万～3 万　 B. 2 万～5 万　 C. 3 万～5 万　 D. 10 万

2. 需要到税务局备案的印鉴为（　　）。

　　A. 公章　　　　　　　　　　 B. 合同专用章

　　C. 财务专用章　　　　　　　 D. 发票专用章

3. 有限责任公司股东向公司股东以外的人转让股权时，需经其他股东（　　）同意。

　　A. 超过 30%　 B. 超过半数　 C. 超过 70%　 D. 100%

4. 公司注销时应首先进行（　　）。

　　A. 银行账户注销　　　　　　 B. 税务注销

　　C. 公司注销备案　　　　　　 D. 社保注销

5. 下列不能提取现金的账户是（　　）。

　　A. 基本存款账户　　　　　　 B. 临时存款账户

　　C. 一般存款账户　　　　　　 D. 专用存款账户

6. 从事生产经营的纳税人应当自领取营业执照之日起（　　）日内，向主管税务机关办理税务登记。

　　A. 10　　　 B. 20　　　 C. 30　　　 D. 60

7. 增值税专用发票已开出，次月发现发票有问题，但购货方已经勾选认证，此时开具红字专用发票信息表时应由（　　）。

　　A. 购货方申请　　　　　　　 B. 销货方申请

　　C. 第三方申请　　　　　　　 D. 税务申请

8. 劳动合同可以规定试用期，试用期最长不得超过（　　）个月。

　　A. 1　　　　 B. 3　　　　 C. 6　　　　 D. 9

9. 卫生许可证由（　　）签发。

　　A. 县级以上卫生行政部门　　 B. 县级卫生行政部门

　　C. 县级以上城市管理部门　　 D. 县级城市管理部门

10. 采用邀请招标的方式，至少要向（　　）家以上具备承担招标项目的能力，资信良好的法人或其他组织发出投标邀请书。

　　A. 1　　　　 B. 2　　　　 C. 3　　　　 D. 4

二、多项选择题（每题 1 分，共 10 题，错选、不选均不得分）

11. 有限责任公司发生（　　）事项，需要做工商变更登记。

　　A. 公司注册地址变更　　　　 B. 公司名称变更

　　C. 更换公司法定代表人　　　 D. 增加公司监事

12. 企业被列入严重违法失信名单，企业及其法定代表人将不能（　　　）。
   A. 贷款　　　　　　　　　　　　B. 投资
   C. 出入境　　　　　　　　　　　D. 参与政府采购

13. 企业日常信息公示包括（　　　）。
   A. 有限责任公司股权转让信息　　B. 收到行政处罚信息
   C. 行政许可的取得、变更信息　　D. 知识产权出质登记信息

14. 根据不相容岗位原则，出纳人员不得从事（　　　）工作。
   A. 会计档案保管　　　　　　　　B. 收入明细分类账的登记
   C. 费用明细分类账登记　　　　　D. 原材料明细分类账登记

15. 下列各项中属于收款的依据是（　　　）。
   A. 发票的记账联　　　　　　　　B. 发票的发票联
   C. 本单位开出的收据　　　　　　D. 对方单位开出的收据

16. 银行代发工资的业务类型包括（　　　）。
   A. 单笔代发　　B. 批量代发　　C. 逐笔代发　　D. 打包代发

17. 日程安排的基本形式有（　　　）。
   A. 年预定表　　　　　　　　　　B. 月预定表
   C. 周预定表　　　　　　　　　　D. 当天日程表

18. 下列单位中，需要办理卫生许可证的是（　　　）。
   A. 宾馆　　　B. 美容店　　　C. 书店　　　D. 餐馆

19. 属于绩效考核模块的工作有（　　　）。
   A. 制订培训计划　　　　　　　　B. 制订考核方案
   C. 绩效评价　　　　　　　　　　D. 绩效改进

20. 根据现行政策，个人转让非上市公司股权，需要缴纳（　　　）。
   A. 增值税　　　　　　　　　　　B. 消费税
   C. 印花税　　　　　　　　　　　D. 个人所得税

三、判断题（每题 1 分，共 10 题，错答、不答均不得分）

21. 一个单位可以开设多个基本存款账户。（　　　）

22. 签订合同时没有合同专用章，可以使用公章，因此需要公章时也可以使用合同专用章。（　　　）

23. 为了简化手续，个体工商户、农民专业合作社不需要向市场监督管理部门进行企业信用信息公示。（　　　）

24. 根据企业内部控制原则，银行存款余额调节表应该由出纳编制。（　　　）

25. 在股权转让过程中，转让方取得的违约金和补偿金不应当计入股权转让所得。（　　　）

26. 从事生产经营的纳税人应当自领取营业执照之日起 60 日内，向主管税务机关办理税务登记。（　　　）

27. 小微企业一定是小规模纳税人。（　　　）

28. 根据现行政策，个人转让非上市公司股权和上市公司股权均不缴纳增值税，仅需缴纳印花税和个人所得税。（　　）

29. 用人单位不与劳动者签订劳动合同，劳动者可随时解除劳动合同，不需要对用人单位承担违约责任。（　　）

30. 根据食品药品监督管理局相关规定，连锁餐饮公司在不同地区的店铺，办理一个食品经营许可证就可以。（　　）

四、操作题（70分）

31. 办理税务登记业务（10分）

2019年9月17日，崔金华独自出资成立了一家经营水果销售的商店，商店名称为北京金华水果有限公司，现请企业管家王滨协助其进行税务登记工作。该公司相关注册信息如下。

CA登录：北京金华水果有限公司，密码：123456

登记注册地和经营地址：北京市海淀区沧海路88号

法定代表人：崔金华

身份证号码：110108198805182673

手机号码：18587912026

固定电话：010-80346975

电子邮箱：cuijinhua@163.com

统一社会信用代码：911107168905600391

批准设立机关类型：行政机关

批准设立机关：工商行政机关

经营地联系电话：010-80346975

国标行业：零售业

经营范围：水果零售

预计经营占比：80%

隶属关系：北京海淀区

主管税务局：北京市海淀区税务分局

纳税人存款账户信息如下。

账号性质：基本存款账款

银行开户登记证号：J1000037340003

发放日期：2019年9月20日

开户银行：中国工商银行北京海淀支行

账号名称：北京金华水果有限公司

开户行银行账号：62210000008938957906

开户银行行号：102100004960

清算银行号：102100999963

首选缴税账号识别（标识）：1

一般退税账号识别（标识）：2

开户日期：2019年9月20日

税务机关代码：2110219

发票版式申请：增值税普通发票，面额 10 万元，每月最高购票数量 50 份

增值税专用发票：面额 10 万元，每月最高购票数量 25 份

增值税电子发票：面额 10 万元，每月最高购票数量 50 份

购买百旺金赋税控盘

要求：以企业管家王滨的身份为北京金华水果有限公司进行税务登记。

32. 办理住房公积金开户业务（10 分）

办理注册登录密码：123456

北京富兴商贸有限公司是一家刚成立的企业，2019 年 11 月 1 日办理住房公积金开户业务，该公司相关信息如下。

登记注册地：北京市昌平区沙河大街 93 号

邮政编码：102209

法定代表人：韩颖

身份证号码：110114198703122103

手机号码：13914568235

统一社会信用代码：91110910713689061D

注册人：张金萍

身份证号码：110114199201205163

手机号码：18876495578

单位电子邮箱：fuxing@163.com

单位性质：企业

单位经济类型：私营有限责任公司

单位隶属关系：北京市

单位所属行业：批发与零售业

单位成立日期：2019 年 9 月 1 日

公积金账户信息如下。

账户名称：北京富兴商贸有限公司

开户银行：中国工商银行北京市昌平支行

账号：6225887540917489588

资金来源：单位自筹

业务经办部门：人力资源部

联系电话：010-81176321

单位发薪日：2019 年 10 月 1 日

公积金首次汇缴年月：2019 年 11 月

跨年清册核定月份：2020 年 1 月

单位预算代码：36589

业务经办机构：北京住房公积金管理中心

经办人一信息如下。

姓名：张金萍

身份证号码：110114199201205163

手机号码：18876495578

联系电话：010-64436086

经办人邮箱：zhangjinping@163.com

经办人二信息如下。

姓名：刘丽娟

身份证号码：110114199512165321

手机号码：13398763498

联系电话：010-64436088

经办人邮箱：liulijuan@163.com

委托收款账户名称：北京住房公积金管理中心

委托收款开户银行：中国工商银行

委托收款账号：6222000072400832589

银行交换号：6783

支付系统号：9612

委托收款日期：2019 年 12 月 1 日

每月汇缴需要确认：是

状态：启用

首次托收日期：2019-12-01

要求：为北京富兴商贸有限公司办理住房公积金开户。

33. 填写并领购发票（10 分）

2019 年 10 月 10 日，北京红星商贸有限责任公司出纳张娜登录北京电子税务局为公司领购增值税专用发票 5 份，增值税普通发票 3 份。北京红星商贸有限责任公司为增值税一般纳税人。

统一社会信用代码：91110105397686108A

发票配送地址：北京市通州区平安路 38 号

邮编：101100

领票人：张娜

手机号码：13901018921

CA 登录：北京红星商贸有限责任公司，密码：123456

要求：以张娜的身份为公司领购发票并邮寄到配送地址。

34. 办理税务变更业务（10分）

2019 年 10 月 25 日，北京味佳食品有限公司，因经营需要变更了注册地和生产经营地联系电话、从业人员数量、财务负责人，并已完成了工商变更，现请企业管家郭梦协助其办理税务变更。

（1）该公司原注册信息如下。

统一社会信用代码：911109107190680321

注册地联系电话和生产经营地联系电话：010-65107832

从业人员：20 人

财务负责人：程飞

身份证号码：110107198011251316

手机号码：18901241289

（2）该公司变更信息如下。

注册地联系电话和生产经营地联系电话：010-83246598

从业人员：25 人

财务负责人：蔡媛媛

身份证号码：110106199208252366

手机号码：18508295916

批准机关名称：朝阳区工商行政管理局

批准文件：营业执照

CA 登录：北京味佳食品有限公司，密码：123456

要求：以企业管家郭梦的身份为北京味佳有限公司办理税务变更。

35. 企业信息公示（10分）

2020 年 3 月 1 日，北京红星商贸有限责任公司委托企业管家林洁对公司 2019 年度信息进行公示，2019 年期间公司没有对外担保，未发生股权转让，未对外投资或者购买其他股权。信息公示的具体内容如下表所示。

出资人基本信息表

姓名	性别	政治面貌	认缴出资额（万元）	认缴出资比例	认缴出资方式	认缴出资时间
李艳	女	群众	150	50%	货币	2012.11.30
陆玉海	男	群众	90	30%	货币	2012.11.30
陈春梅	女	群众	60	20%	货币	2012.11.30

备注：实缴出资金额和时间同认缴出资金额和时间。

2019 年度该企业相关信息如下。

公司名称：北京红星商贸有限责任公司

数字证书登录：北京红星商贸有限责任公司，CA 证书密码：123456

通信地址：北京市通州区平安路 38 号

邮政编码：101100

经营场地性质：租赁

联系电话：010-86725103

电子邮箱：hongxing@126.com

主营业务活动：服装批发和零售

公司存续状态：开业

公司网站或网店：有网站，无网店，网站为 http://www.hongxing.com

营业期限和营业执照：营业期限 30 年

统一社会信用代码：91110105397686108A

营业执照有效期：自 2012 年 8 月 6 日至 2042 年 8 月 6 日

公司从业人数：公司有职工 20 人，其中女性职工 11 人（公示）

党建信息：无

控股情况：公司为私人控股

对外担保、对外投资、股东股权转让信息：2019 年度无对外担保、无对外投资、无股东股权转让

2019 年社保参保职工数：20 人

2019 年单位社保缴费基数：126 000 元

2019 年单位社保实际缴费金额：70 560 元，其中医疗保险 15 120 元，养老保险 30 240 元，失业保险 12 600 元，工伤保险 2 520 元，生育保险 10 080 元

2019 年无社保欠缴情况

CA 证书密码：123456

实行会计电算化情况和财务管理软件：公司实行了会计电算化，使用的财务管理软件是金蝶 KIS

记账方式：自理记账

最近三年是否连续亏损：否

公司 2019 年度的资产负债表、利润表、现金流量表相关数据如下。

资产总额 2 070 万元，存货 672 万元，流动资产 1 260 万元

负债总额 90 万元，长期负债 90 万元

年初所有者权益：1 760 万元，年末所有者权益合计 1 980 万元

经营现金净流量：73.8 万元

营业总收入：2 700 万元，主营业务收入 2 697.6 万元

营业利润：378 万元，利润总额：367.2 万元，净利润：273.6 万元

纳税总额：135.135 万元

2019 年公司财务报告审计情况：2020 年 2 月 13 日，聘请北京大地会计师事务所对公司 2019 年财务报告进行了审计

2019 年违法违规行为情况：无

2019 年度其他类型人员就业情况

	经营者	雇工
高校毕业生人数	0	5
退役士兵人数	0	1
残疾人人数	0	1
失业人员再就业人数	1	1

错题笔记

要求：以企业管家林洁的身份为北京红星商贸有限责任公司 2019 年度信息进行公示，其中涉及金额，单位为万元，资产状况、对外担保信息和社保信息请选择不公示。

36. 人员社保登记（10 分）

北京环宇商贸有限公司是一家刚成立的企业，统一社会信用代码：91110910334726713B。2019 年 11 月 12 日招聘了 3 名应届大学毕业生，这些大学生当月入职，以前没有缴纳过职工社会保险。

证书登录：北京环宇商贸有限公司，密码：123456

参加险种：3 名大学生拟缴纳社会保险统一为"五险"

缴费人员类别：本市城镇职工户口

户口性质：非农业

医疗参保人员类别：本市城镇职工

获取对账单方式：网上查询

学生选择的医院统一为海淀医院、北医三院、北京 301 医院、北京人民医院、回龙观医院

居住地（联系）地址可按照身份证的户口所在地址

选择邮寄社会保险对账单地址，可选择单位地址：北京市朝阳区富华商贸大厦 B 座 1906 室 北京环宇商贸有限公司

对账单地址的邮政编码：100012

单位委托代发银行名称：中国工商银行北京亚运村支行

委托代发银行账号：6212260200056465112

新入职应届毕业生的个人信息如下。

（1）姓名：刘建华，性别：男，身份证号码：110114199912125023，户口所在地：北京市昌平区阳光家园 12 号楼 8 层 801 室，邮编：102200，联系电话：18892631231，邮箱：liujianhua@163.com。

（2）姓名：陈娇，性别：女，身份证号码：110114199909160025，户口所在地：北京市昌平区莲花小区 2 号楼 3 层 305 室，邮编：102200，联系电话：13482985068，邮箱：chenjiao@163.com。

（3）姓名：张奇，性别：男，身份证号码：110108199810256613，户口所在地：北京市海淀区四季家园 9 号楼 12 层 1201 室，邮编：100089，联系电话 13069093221，邮箱：zhangqi@163.com。

三人均是汉族，团员，本科毕业，应聘职位为干部，工资标准是 5 000 元，婚姻状况为未婚。

北京市五险一金个人信息采集电子照片（示例照片），如下所示。

要求：请为三位求职大学生进行社会保险登记。

37. 办理公司设立登记业务（10分）

张文娟、刘凤、孙军三人拟共同出资设立一家服装零售的有限责任公司，公司名称定为：北京文娟服装商贸有限公司。2019年10月26日，张文娟、刘凤、孙军三人经协商决定成立股东会，职务通过选举产生，召开股东会并形成以下股东会决议。

（1）股东会组成：公司由张文娟、刘凤、孙军三人组成股东会。

（2）设一名执行董事、一名董事、一名监事、经理，由张文娟担任执行董事兼经理和公司法定代表人。

（3）公司暂不建立工会组织。

（4）企业的核算方式为独立核算。

（5）职工的月工资标准。

（6）招聘一名出纳兼秘书，协助办理公司设立登记相关事宜，并担任企业的联系人、办税员、社保和住房公积金缴费经办人、购票人。

（7）经营范围：服装零售。

（8）拟登记市场主体所在地：朝阳区。

（9）公司营业期限：为30年。

（10）企业经营地没有位于中关村国家自主创新示范园及"三城一区"内。

（11）项目类别：服装零售。

（12）经营大类：技术开发零售业。

（13）经营明细：服装零售。

（14）行业名称：批发和零售业。

（15）预计经营占比：90%。

（16）申请工商营业执照副本：1本。

（17）账号登录密码：123456。

（18）固定电话：010-68687890

股东会会议之后，张文娟三人招聘了冯晨担任公司出纳兼秘书，租赁了李华位于北京市朝阳区金河路92号的商铺作为经营场地。该商铺的建筑面积为60平方米，使用权限为40年，房屋用途为商铺，住房产权类型为有房产证，每月租金10 000元，双方签订了租房协议，租赁期5年。

2019年11月5日，冯晨委托企业管家张峰协助其办理公司设立登记，公司出资人及主要人员信息，如下表所示。

错题笔记

姓名	性别	民族	政治面貌	学历	职业状况	证件类型	证件号码	户籍所在地	证件有效期	移动电话	电子邮箱	认缴出资额（万元）	认缴出资比例	认缴出资方式	认缴出资来源	认缴出资时间	担任职务	职务任期期限	月工资标准（元）
张文娟	女	汉	群众	大学本科	在职	身份证	110107198303060235	北京市朝阳区怡佳家园3号楼6层60A室	20010819-20210819	13713126238		60	60%	货币	工资收入	2019.12.31	执行董事兼总经理	三年	15 000
刘凤	女	汉	群众	大学本科	在职	身份证	110106198505082868	北京市丰台区祥云苑9号楼17层170B室	20030519-20230519	13409688825		20	20%	货币	工资收入	2019.12.31	董事兼财务负责人	三年	12 000
孙军	男	汉	群众	大学本科	在职	身份证	110107198510201936	北京市朝阳区河西花园16号楼6层60C室	20031101-20231101	13569090212		20	20%	货币	工资收入	2019.12.31	监事	三年	12 000
冯晨	女	汉	群众	高职	在职	身份证	110107199212036527	北京市朝阳区静安园7号楼15层150D室	20101215-20301215	18652379081	fengchen@126.com						出纳兼秘书		3 500
张峰	男	汉	群众	大学本科	在职	身份证	110107199006131257	北京市昌平区林湖小区15号楼3层30E室	20080701-20280701	15302686179							企业管家		
合计												100	100						

要求：以企业管家张峰的身份为张文娟、刘凤、孙军三人办理公司设立登记。